MELHORES
POEMAS

Ribeiro Couto

Direção
EDLA VAN STEEN

MELHORES
POEMAS

Ribeiro Couto

Seleção
JOSÉ ALMINO

São Paulo
2002

© João Maria Pereira Rennó, 1998

Diretor Editorial
JEFFERSON L. ALVES

Assistente Editorial
RODNEI WILLIAM EUGÊNIO

Gerente de Produção
FLÁVIO SAMUEL

Revisão
REGINA ELISABETE BARBOSA
RODNEI WILLIAM EUGÊNIO

Projeto de Capa
VICTOR BURTON

Editoração Eletrônica
ANTONIO SILVIO LOPES

Dados Internacionais de Catalogação na Publicação (CIP)
(Câmara Brasileira do Livro, SP, Brasil)

Couto, Ribeiro, 1898-1963.
 Melhores poemas / Ribeiro Couto ; seleção José Almino. – São Paulo : Global, 2002. – (Coleção melhores poemas)

 ISBN 85-260-0777-7

 1. Poesia brasileira I. Almino, José. II. Título. III. Série.

02-3703   CDD–869.915

Índices para catálogo sistemático:

1. Poesia : Século 20 : Literatura brasileira 869.915
2. Século 20 : Poesia : Literatura brasileira 869.915

Direitos Reservados

**GLOBAL EDITORA E
DISTRIBUIDORA LTDA.**

Rua Pirapitingüi, 111 – Liberdade
CEP 01508-020 – São Paulo – SP
Tel.: (11) 3277-7999 – Fax: (11) 3277-8141
E.mail: global@globaleditora.com.br

Colabore com a produção científica e cultural.
Proibida a reprodução total ou parcial desta obra
sem a autorização do editor.

Nº DE CATÁLOGO: **2105**

José Almino é pesquisador da Fundação Casa de Rui Barbosa. Publicou os seguintes livros: *Maneira de dizer* (Brasiliense, 1991), *O motor da luz* (Editora 34, 1994) e *O Baixo Gávea, Diário de um morador* (Relume Dumará, 1996). O selecionador agradece a Ivette Sanches do Couto por seus reparos e sugestões.

FUI POETA MENOR, PERDOAI!

Criou-me, desde menino,
Para arquiteto meu pai.
Foi-se-me um dia a saúde...
Fiz-me arquiteto? Não pude!
Sou poeta menor, perdoai!

Testamento
Manuel Bandeira

De algum lugar, cuja referência perdi, me vem a citação de Jorge Luís Borges: "É muito difícil ser um poeta menor." A afirmação traz a ambigüidade que caracteriza o escritor argentino. Ser um poeta menor seria algo penoso, sofrido, que somente poderia ser conquistado com muito esforço. Tornar-se-ia então um atributo único, pequeno brilho especial, como um documento de identidade: "pessoal e intransferível".

Essa voz individual, íntima, Ribeiro Couto a procurou, de início, seguindo os ecos dos simbolistas. Nos seus dois primeiros livros – *O jardim das confidências* e *Poemetos de ternura e de melancolia*, encontramos essa comunhão sutil entre a imagem e a reflexão, a descrição da paisagem unindo-se ao sopro da melancolia, tão evocadora da poesia de Verlaine.

Nesses poemas, a imagem da chuva, símbolo renitente do recolhimento e da nostalgia, aparece com freqüência, descrita em linguagem simples, direta, quase coloquial, embora rimada:

> *Escutando o bater da chuva nos telhados*
> *Tenho um desejo triste, um desejo doente*
> *De viver só, viver entre livros amados,*
> *Numa cidade que imagino vagamente...*

A influência simbolista e a adoção desse tom poético merencório, em surdina, que vinha de par com a escolha repetida de uma imagética abafada, cheia de "neblinas", manhãs friorentas, paisagens crepusculares e noturnas, certamente contribuiu para que Ribeiro Couto fosse descrito, nos seus primórdios, como *penumbrista*, à semelhança do Manuel Bandeira de *Cinza das horas*.

Logo, no entanto, Ribeiro Couto passa a integrar o Modernismo. Aderiu ao movimento, por assim dizer, naturalmente, mantendo uma continuidade de temática e linguagem.

Entre as razões que motivaram a sua identificação com o movimento estava, como assinalou Péricles Eugênio da Silva Ramos,[1] a vontade de combater a "hidra baiana", ou seja, a retórica grandiloqüente que ainda era marca de uma certa literatura. Este era, entretanto, um exercício que já vinha praticando desde a sua primeira fase, como reivindica no poema *Surdina*, escrito antes de 22:

---

1. RAMOS, Péricles Eugênio da Silva. "O modernismo na poesia." In: *A Literatura no Brasil*, vol. V, direção de Afrânio Coutinho. Rio de Janeiro: Sul América, 1970. p. 100.

> Minha poesia é toda mansa.
> Não gesticulo, não me exalto...
> Meu tormento sem esperança
> Tem o pudor de falar alto.
>
> No entanto, de olhos sorridentes,
> Assisto, pela vida em fora,
> À coroação dos eloqüentes.
> É natural: a voz sonora
> Inflama as multidões contentes.
>
> Eu, porém, sou da minoria.

Seus poemas já traziam a marca prosódica do linguajar quotidiano, própria do Modernismo, que aflorava em metáforas simples, porém expressivas, contrastantes:

> Ah! que delícia é olhar! Da minha água-furtada
> Avisto, muito longe, a torre de uma igreja
> Como que apunhalando o véu da chuvarada.

Por vezes, rompendo com o tom mais solene do penumbrismo dos primeiros poemas, introduzia também algum traço ingênuo, ligeiramente humorístico, onde o olhar compassivo sublinhava uma imagem ou situação cheias de lirismo. Veja-se, por exemplo, a sua descrição da *menina gorda*:

> Esta menina gorda, gorda, gorda,
> Tem um pequenino coração sentimental.
> Seu rosto é redondo, redondo, redondo;
> Toda ela é redonda, redonda, redonda,
> E os olhinhos estão lá no fundo a brilhar.

> É menina e moça. Terá quinze anos?
> Umas velhas amigas da sua mamãe
> Dizem sempre que a encontram, num êxtase longo:
> "Como esta menina está gorda, bonita!"
> E ela ri de prazer. Seu rosto redondo
> Esconde os olhinhos no fundo a brilhar.

Um homem na multidão e *O chalé na montanha*, escritos entre 1921 e 1924, publicados em 1926, são livros modernistas. Compostos em versos livres, eles não trazem, todavia, quase nenhuma das caraterísticas que se tornaram traços comuns na produção da época: o poema-piada, a celebração da vida urbana, da velocidade, uma auto-satisfação ufanista diante da cultura e da linguagem popular, vividas por alguns modernos como fonte de inspiração e matéria-prima privilegiada para a criação literária.

Embora armado da ironia modernista, Ribeiro Couto reitera suas antigas escolhas e afinidades. Em "A invenção da poesia brasileira", ele investe contra a eloqüência programática de seus contemporâneos:

> Eu escutava o homem maravilhoso,
> O revelador tropical das atitudes novas,
> O mestre das transformações em caminho:
> "É preciso criar a poesia deste país de sol!
> ....
> O Brasil é cheio de sol! O Brasil é cheio de força!
> É preciso criar a poesia do Brasil!"
> Eu escutava, de olhos irônicos e mansos,
> O mestre ardente das transformações próximas.

Por acaso, começou a chover docemente
Na tarde monótona que se ia embora.
Pela vidraça da minha saleta morta
Ficamos a olhar a praça debaixo da chuva lenta.
Ficamos em silêncio um tempo indefinido...

E lá embaixo passou uma mulher sob a chuva.

O gosto pelo tom menor, pela *surdina*, pela graça fugaz do instante, são marcas da trajetória individual do poeta, em face da balbúrdia dos "manifestos literários", do furor das *incompreensões:*

"*Poesia*"

E te envolverão com atitudes sinistras.
E desejarão secretamente a tua morte.
E atirarão sobre a tua cabeça
O riso fácil das incompreensões.

Entretanto, dentro de ti, indiferentes,
Como a chuva mansa caindo num jardim,
As palavras melancólicas de poesia
Abençoarão a trágica doçura da vida

    Essa preferência pelo lirismo tem sido assinalada, às vezes, como a característica de uma criatividade mediana ou mesmo a marca de um temperamento conservador. Um historiador da literatura e crítico define a passagem de Ribeiro Couto pelo movimento modernista da seguinte maneira: "No conjunto da obra, o poeta se mantém sempre numa posição de equilíbrio tradicionalista. Em quase nada contribuiu para a renovação do Modernismo".[2]

---

    2. CASTELO, José Aderaldo. *A literatura brasileira – origem e unidade*, vol. II. São Paulo: Edusp, 1999. p. 166.

No entanto, aos nossos olhos contemporâneos, a "alegria anárquica" das vanguardas modernistas, o seu progressismo militante, nos parecem um tanto simplista e ingênuo. "Quando as propostas de modernização se mostram esgotadas... o simbolismo do final do século (XIX), com a sua melancolia e uma certa visão trágica",[3] torna-se mais atraente e (quem sabe?) até mais adequado às nossas perplexidades atuais.

Dentro do Modernismo, o nosso poeta, assim como Manuel Bandeira, *era da minoria*. Este último ostentava o seu lirismo com orgulho e uma dose grande de falsa humildade: proclamava-se *poeta menor*. Por sua vez, Ribeiro Couto, permanecendo fiel à linhagem simbolista, sabia-se na contramão do movimento modernista, mas fazia questão de alardear o seu sentimentalismo. O seu sentimentalismo *tão Brasil*, como diria Bandeira.

Assim, por exemplo, em resposta a uma carta em que Carlos Drummond de Andrade sugeria um parentesco entre a sua poesia e a poesia um tanto piegas do romântico Casimiro de Abreu, ele observava, bem-humorado:

Agora, tenha paciência: Casimiro é a sensibilidade mais rica de nossa literatura de ontem. Porque de um modo geral eu considero parentes de Casimiro de Abreu todos aqueles que têm uma nota de desencanto. [...] Concluindo: sou portanto um neto de Casimiro. Porém um neto tão diferente do avô. A porção de sangue que se conservou foi apenas a que constitui na minha poesia o fundo irremediável de melancolia.

Ou: *de poesia?*[4]

---

3. LINS, Vera. *Ribeiro Couto, uma questão de olhar*. Rio de Janeiro: Fundação Casa de Rui Barbosa, 1997. p. 5 (Papéis Avulsos 30).
4. Carta de 29-11-1925, da coleção da Fundação Casa de Rui Barbosa. Citada por Vera Lins, *op. cit.* p. 12.

Em *Adeuses*, o seu último livro, póstumo, Ribeiro Couto evoca o passado simbolista e renova sua fidelidade à melancolia:

> *Tanta era a névoa simbolista*
> *Naquele jardim dos vinte anos,*
> *Que os mármores parnasianos*
> *De ninguém estavam à vista.*
>
> *Sempre véus de tons esbatidos,*
> *Quando não névoa, chuva densa.*
> *Só eu sabia da presença*
> *Desses mármores escondidos.*
>
> *Hoje, tantos anos passados,*
> *Ao fim de uma tarde cinzenta*
> *Voltar ali ainda me tenta,*
> *Entre os salgueiros desfolhados.*
>
> *Um vago pôr-de-sol recorta*
> *O perfil dos mármores claros,*
> *Que seriam talvez de Paros*
> *Sob o céu de Bruges-a-Morta.*

Há um certo excesso na repetição dessas imagens nostálgicas, atraindo, por vezes, a ironia dos seus contemporâneos, como Mário de Andrade que o caracterizou como "sujeito brumoso e cheio de lâmpadas acesas e chuva escorrendo pela vidraça".[5] Há uma certa volúpia complacente, seja, por exemplo, na celebração idealizada do amor maternal, como na "Lamentação do Amor Materno" (p. 121), seja na contemplação ingênua da cidadezinha do interior, como em "Domingo" (p. 32) ou no "Largo da Matriz" (p. 77):

---

5. LINS, Vera. *Op. cit.* p. 19.

Ao fundo é a matriz toda branca de cal.
Nas casas chatas, à volta do largo,
As janelas fechadas montam guarda ao silêncio.

A lua sobe no alto da torre.

Os quartos de hora, que rolam do sino,
Em vão sugerem à cidade sonolenta
Os romantismos da madrugada.

É a hora boa de fugir com a moça.

No entanto, em todos esses poemas, o sentimental e o melancólico são exaustivamente depurados por um estilo claro e limpidamente singelo, que transforma os lugares comuns em uma expressão de pura singularidade poética. Desses temas e imagens comuns, que o interesse do poeta magnifica e valoriza, Ribeiro Couto vai construindo, por um processo de seleção e repetição,[6] sua individualidade lírica, seu universo poético.

Da poesia de Ribeiro Couto poder-se-ia dizer o que Otto Maria Carpeaux viu nos poemas de Toulet:[7]

"Era uma poesia simplesmente poética. [...] Não era agradável, nem intelectual, nem profundo, nem engraçado. Chamavam-no um poeta "ligeiro" mas seria melhor chamar-lhe poeta estreito, porque a sua poesia teve poucos sons e sempre os mesmos, a tonalidade monótona de um dos menores órgãos do corpo humano, que é o coração."[8]

---

6. WILSON, Edmond. *Axel's Castle*. New York: The Modern Library. 1996. p. 24.
7. Paul-Jean Toulet (1865-1920).
8. CARPEAUX, Otto Maria. *Ensaios Reunidos, 1942-1978*, vol. I. Rio de Janeiro: Universidade da Cidade; TopBooks, 1999. p. 304-305.

Há versos de Toulet que poderiam ter sido escritos por Ribeiro Couto. Veja-se, por exemplo:

> *Mourir non plus n'est ombre vaine.*
> *La nuit, quand tu as peur,*
> *N'écoute pas battre ton coeur:*
> *C'est une étrange peine.*[9]

Poetas como eles não tiveram muita influência nem deixaram linhagem. Mas são pontos luminosos. Inapagáveis.

---

9. Nem morrer é sombra vaga.
   À noite – tens medo em vão –
Não ouve o teu coração.
   Estranha pena a que pagas.
(Tradução de Jorge Wanderley)

POEMAS

O JARDIM DAS CONFIDÊNCIAS
(1915-1919)

A ALEGRIA DA TERRA
SOB O AGUACEIRO

Do céu cinzento a chuva em fios longos côa...
Molha-se o parque. Vê, que alegria na terra!
Toda a paisagem bebe a água da chuva boa
E uma bruma sutil entre as árvores erra.

Bom tempo! Quando chove é que é bom tempo...
                                              Sinto
Que no meu coração, qualquer coisa desperta.
Qualquer coisa... Talvez um sofrimento extinto.
Talvez mesmo outra vida, uma outra vida incerta...

Escutando o bater da chuva nos telhados
Tenho um desejo triste, um desejo doente
De viver só, viver entre livros amados,
Numa cidade que imagino vagamente...

Olho, desencantado, as águas da baía:
No mar, que a chuva torna um pouco mais distante,
Vem fugindo uma vela em demanda do cais.
E de um pontinho muito apagado, lá adiante,
Uma fumaça diz adeus... "Não volto mais!..."

Olho de novo o parque. Entre as árvores erra
A bruma leve que as envolve e acaricia...
A bruma tem uma volúpia longa e fria...
Como que a bruma é o gesto amoroso da terra,
Um gesto mole de desejo e nostalgia,
Para a folhagem sob o aguaceiro macia...

ELEGIA DE UMA TARDE BRANCA

Em junho agora, que expressão de nostalgia
Na névoa sob a qual a paisagem se esconde!
Fico, perdidamente, a olhar a tarde fria,
Ouvindo um sino que soluça não sei onde.

A minha praça tem umas árvores altas
Cujos galhos estão a desfolhar-se à toa.
Dão-me a impressão de uma assembléia de
 pernaltas,
Pensativas, olhando a água de uma lagoa.

Chove. Em alguns beirais mato verde viceja.
Ah! que delícia é olhar! Da minha água-furtada
Avisto, muito longe, a torre de uma igreja
Como que apunhalando o véu da chuvarada.

A chuva torna as criaturas mais amigas.
Vendo-a cair, que sensação de intimidade!
A chuva é boa... Ela murmura umas cantigas
E embala o sono das crianças da cidade.

Nestes dias assim, magoados e esbatidos,
É que a saudade vem... Sua mão nebulosa
Toca, muito de leve, os corações feridos.
Oh! a saudade é uma carícia dolorosa.

Depois, a chuva passa... A folhagem exala
Um cheiro vago de mulher adolescente...
E fico a olhar a névoa fria, fico a olhá-la,
Ouvindo o sino que soluça, novamente!

CARÍCIA

Todo rumor que, lá de fora,
Chega a meu quarto de doente,
Perde a intensidade sonora:
Vem leve, amortecidamente...

Pregões de vendedores, risos,
Apitos, marteladas – tudo
Toma contornos indecisos
De ressonâncias em veludo.

Nestas alegres vizinhanças,
Aí abaixo, pelos morros,
Quanta algazarra de crianças,
De galináceos, de cachorros!

Vozes quentes de lavadeiras
Que batem roupa ensaboada,
Cantam ao sol, horas inteiras,
A mesma canção fatigada.

Nos meus finíssimos ouvidos
Essas vozes pousam de manso,
Em sons quase que diluídos,
Maternalmente, bem de manso,
De embalar a recém-nascidos...

E assim todo rumor de fora
Chega a meu quarto de doente:
Chega de manso, lá de fora...
Perde a intensidade sonora...
Vem leve, amortecidamente...
Como se a vida, lá por fora,
Soubesse que eu estou doente.

POEMETOS DE TERNURA E DE MELANCOLIA
(1919-1922)

SURDINA

Minha poesia é toda mansa.
Não gesticulo, não me exalto...
Meu tormento sem esperança
Tem o pudor de falar alto.

No entanto, de olhos sorridentes,
Assisto, pela vida em fora,
À coroação dos eloqüentes.
É natural: a voz sonora
Inflama as multidões contentes.

Eu, porém, sou da minoria.
Ao ver as multidões contentes
Penso, quase sem ironia:
"Abençoados os eloqüentes
Que vos dão toda essa alegria."

Para não ferir a lembrança
Minha poesia tem cuidados...
E assim é tão mansa, tão mansa,
Que pousa em corações magoados
Como um beijo numa criança.

DOMINGO

A noite cai sobre o domingo divertido.
O céu amplo, em que o sol já se escondeu, além,
Está flamante, embandeirado, colorido.

Passei o tempo a ler, nesta melancolia
Que é meu mal delicioso e meu magoado bem.
Para mim o domingo é um monótono dia.
Afinal, quando a noite acariciante vem,
Começo a olhar, na sombra, a saleta vazia.
E murmuro: "Por que será que espero alguém?"

Entretanto, lá fora, há o tumulto da vida.
Lá fora o povo passa a cantar ... E ninguém,
Ninguém sente que a noite chega, dolorida...

DELICADEZA DO CREPÚSCULO

O crepúsculo desce a mim, devagarinho,
Como se fosse a mão de uma moça doente.
(A esta hora ela vai pelo nosso caminho,
Vai distraída, olhando a tarde evanescente.
Ou então, a passear pelo seu jardinzinho,
Esperará que o sino dobre, lentamente,
E ela é discreta como aquele jardinzinho
E carinhosa como a tarde evanescente.)

O crepúsculo... O céu escurece, magoado.
Entra pela janela o rumor citadino.
Se eu chegasse ao balcão e ficasse parado
Sentiria o sinuoso aroma feminino
De um sabugueiro que há nesta casa do lado.
Vai rolar de uma torre o soluço de um sino...

E o crepúsculo desce a mim, tão delicado
Como se fosse a mão suave de um menino.

GORDA

Esta menina gorda, gorda, gorda,
Tem um pequenino coração sentimental.
Seu rosto é redondo, redondo, redondo;
Toda ela é redonda, redonda, redonda,
E os olhinhos estão lá no fundo a brilhar.

É menina e moça. Terá quinze anos?
Umas velhas amigas da sua mamãe
Dizem sempre que a encontram, num êxtase longo:
"Como esta menina está gorda, bonita!"
E ela ri de prazer. Seu rosto redondo
Esconde os olhinhos no fundo a brilhar.

Às vezes, no espelho, penteando o cabelo,
Ao ver-se tão gorda, tão gorda, tão gorda,
Pensa nas amigas da sua mamãe
E também num rapaz que a olha sorrindo
Quando toda manhã ela vai para a escola.
"Ele gosta de mim! Sou gorda, bonita!"
E os dedos gordinhos, pegando na trança,
Têm carícias ingênuas diante do espelho.

SERÕES

Monotonia dos serões burgueses
Depois do jantar silencioso...
Monotonia dos bocejos longos
Durante as conversas tranqüilas,
À meia-luz das boas lâmpadas...

Monotonia dos serões burgueses
Ao abrir dos jornais, com preguiça,
Na curiosidade habitual das notícias
                        dramáticas.

Monotonia dos serões burgueses
Quando entra pela janela o vento da noite
E um braço vagaroso de mulher
Acaricia uma cansada cabeça de homem...

MODORRA DO SUBÚRBIO

No céu azul, sobre o arrabalde sonolento,
O sol queimante, o sol do trópico fulgura.
Morna, de vez em quando, a carícia do vento
Bole nas folhas do arvoredo... O sol fulgura.
Nos horizontes do arrabalde sonolento
Perdem-se morros, a distância... O sol fulgura.

O casario tem grandes manchas vermelhas
No cinzento geral das ruas sossegadas.
E, por vezes, do vão imprevisto das telhas
Sobem vôos de pombas brancas assustadas.
Nos modestos jardins há zumbidos de abelhas
E falsetes de cigarras desafinadas.

Nas ruas longas, vêm de janelas e portas
Gritos caseiros, vozes tímidas de choro.
Cantam galos... No verde opulento das hortas
Alvejam roupas a secar no coradouro.
Entre os telheiros, as barrelas e águas mortas
Dormem nos tanques, onde o sol põe brilhos de ouro.

Súbito, passa um trem de subúrbio apitando.
O chão trepida. As pombas fogem... Barulhento,
O comboio sumiu. E elas voltam em bando.
Ao sol do trópico, o arrabalde sonolento
Continua pesadamente modorrando.

O MAR E O CAIS

Oh! ressaca dos dias bravos
O mar a investir contra o cais
E as ondas rebentando no alto!
As espumas, a desfolharem-se,
Caem como pétalas brancas...
Na sua fúria forte, as águas
Deslocam pedras da amurada.
Venceu o mar! Perdeu o cais!

Oh! ressaca dos dias bravos em nosso peito...

A MULHER PASSAGEIRA

Esta mulher que prometeu vir
Não é a mulher do meu desejo
É antes a mulher do meu tédio...

Ela virá dentro de uns instantes.
Vai bulir em todas as coisas,
Vai andar por estes tapetes,
Perguntará por outras mulheres.

Responderei a tudo com doçura...
Entretanto, é a mulher do meu tédio.

E ao partir, distraída e fatigada,
Escolherá um livro na estante
Perguntando: "Meu amor, vale a pena?"

A CANÇÃO DE MANUEL BANDEIRA

Já fui sacudido, forte,
De bom aspecto, sadio,
Como os rapazes do esporte.
Hoje sou lívido e esguio.
Quem me vê pensa na morte.

O meu mal é um mal antigo.
Aos dezoito anos de idade
Começou a andar comigo.
E esta sensibilidade
Põe minha vida em perigo!

Já sofri a dor secreta
De não ser ágil e vivo.
Mas, enfim, eu sou poeta.
Tenho nervos de emotivo
E não músculos de atleta.

As truculências da luta!
Para estas mãos não existe
O encanto da força bruta.
... Nada como um verso triste
– Verso, lágrima impoluta...

(O bem que há num verso triste!)

CARTAS DO AMIGO DE OUTRORA

Nesta manhã sem sol, que vai tão bem comigo,
Uma dor especial me anula e desconforta.
Como é funda, ao bulir neste móvel antigo,
A emoção de encontrar numa gaveta morta
Umas cartas que me mandava o meu amigo!

São pedaços de vida esquecida, acabada,
Cartas que ele escreveu quando estava distante,
Como se fosse para alguma namorada:
"Meu amigo. Que luz por esse campo adiante!
Voltou a primavera. A terra é perfumada."

Evocando a afeição que está perdida agora,
Olho pela janela o céu brusco, cinzento.
Oh! domingo que dá desejo de ir embora...
Eu não sei apagar, dentro do sentimento,
Nem mulheres que amei, nem amigos de outrora.

Velhas cartas... Que boa essa vida passada!
Fico a relê-las comovido, longamente,
Como que a recolher a louça delicada
Que a mão proposital de algum indiferente
Deixou cair ao chão para vê-la quebrada.

A MANHÃ NA RUA BURGUESA

Na manhã do arrabalde anda um cheiro de flores
E um coro de pregões que me entristece e enfada.
Nesta rua, que tem jardins encantadores,
Portõezinhos de grade e árvores na calçada,
Toda manhã é assim: cantam os mercadores.

Que enervante monotonia! Fico à escuta:
Para o azul da manhã em que a luz irradia
Sobe a canção geral, concorrente, da luta.
Vozes de entonação lamentosa e macia...
Uma apregoa peixe... outra apregoa fruta...

Donas de casa, despenteadas e exemplares,
Aparecem fazendo as compras para o almoço.
(Começou a penosa alegria dos lares!)
E as crianças descem à rua, em alvoroço,
A saltar em redor dos cestos familiares.

Oh! poesia dos grandes cestos multicores,
Das crianças comendo fruta na calçada,
Das burguesas despenteadas, dos mercadores,
Dos diálogos comuns acabando em risada,
Na manhã do arrabalde em que há um cheiro de
flores...

O RETRATO DO ADOLESCENTE ESQUECIDO

Quem vem a ser o adolescente
De tímida expressão franzina,
Que entre grossos livros de escola
À mesa de estudo se inclina?
Como que dos seus olhos rola
Uma doçura feminina.

Ó retrato do adolescente,
Por que me vieste neste dia
Rememorar a vida ausente?
E eis-me todo em melancolia,
Quase chorando, simplesmente
Por ver esta fotografia.

Adolescente de ar franzino,
Brilhava em teus olhos humanos
Um pouco do fogo divino.
Tinhas que esperar pelos anos...
E em teu coração de menino
Quantas impaciências e enganos!

Nesta pobre sala quieta
Aos quatorze anos eu chorava
Porque me sentia poeta,
Mas os sonetos que rimava
(Como era funda a dor secreta!)
Não diziam o que eu buscava.

Ah! despertar do pensamento!
Minha mão não obedecia
Ao ímpeto vago e violento.
E em meu cerebrozinho havia
Um confuso fervilhamento
De incomunicável poesia!

Meu esquecido rapazola
De ar franzino e de olhar tristonho,
Dentre os grossos livros de escola
Vias subir teu lindo sonho,
Como uma névoa que se evola!
E adormecias no teu sonho
Sobre os grossos livros de escola.

UM HOMEM NA MULTIDÃO (1921-1924)

UM HOMEM NA MULTIDÃO

A INVENÇÃO DA POESIA BRASILEIRA

Eu escutava o homem maravilhoso,
O revelador tropical das atitudes novas,
O mestre das transformações em caminho:

"É preciso criar a poesia deste país de sol!
Pobre da tua poesia e da dos teus amigos,
Pobre dessa poesia nostálgica,
Dessa poesia de fracos diante da vida forte.
A vida é força.
A vida é uma afirmação de heroísmos
                      quotidianos,
De entusiasmos isolados donde nascem mundos.
Lá vai passando uma mulher... Chove na velha
                      praça...
Pobre dessa poesia de doentes atrás de janelas!
Eu quero o sol na tua poesia e na dos teus amigos!
O Brasil é cheio de sol! O Brasil é cheio de força!
É preciso criar a poesia do Brasil!"
Eu escutava, de olhos irônicos e mansos,
O mestre ardente das transformações próximas.

Por acaso, começou a chover docemente
Na tarde monótona que se ia embora.
Pela vidraça da minha saleta morta
Ficamos a olhar a praça debaixo da chuva lenta.
Ficamos em silêncio um tempo indefinido...

E lá embaixo passou uma mulher sob a chuva.

O VAGABUNDO

Sugestões do escurecer nas ruas barulhentas,
Quando, pelas calçadas, a multidão vai à pressa,
Quando os automóveis passam à disparada,
Quando um começo de lua desmaia no céu,
Quando o céu é claro mas sente-se que é noite,
Quando uma pequena luz se acendeu ao longe...

Sugestões do escurecer vendo as montanhas
                                    ao fundo,
Vendo o mar onde as ilhas imóveis naufragam,
Vendo mulheres passearem no cais lentamente,
Vendo velhos nos bancos, debaixo de árvores,
Vendo uma criança que passa no colo da ama...

Sugestões do escurecer ouvindo o rumor
                                    da cidade,
Ouvindo o rumor da cidade imensa,
Seu confuso rumor feito de tantos rumores,
Ouvindo o rumor da vida, o rumor do tumulto...

Sugestões do escurecer quando das casas patriarcais,
Através do silêncio dos jardins adormecidos,
Vem a alegria das salas de jantar iluminadas...

O MILAGRE

Ó manhã de apoteose!
Ó manhã do Brasil no mês de janeiro!
Ó manhã de azul intenso e luz ofuscante!

Pelas ruas da cidade, contente de viver,
Caminho à toa entre as pessoas
Com o desejo franco de sorrir a tudo.
Ó manhã para ensinar a bondade!

Naquela esquina quatro cegos tocam.
Que música vibrante os cegos tocam
Cercados de povo que os ouve em silêncio!

Os cegos estão cheios de uma alegria inexplicável
Porque a manhã entrou pelos seus olhos vazios.

A INUTILIDADE DAS PALAVRAS
OU
PERORAÇÃO DE UM ORADOR DOMINICAL NUMA SOCIEDADE RELIGIOSA EM QUE SE REÚNEM PESSOAS PACÍFICAS

– "Há em nós uma aspiração para a beleza.
Há em nós uma força que nos impele para a beleza.
Há em nós um gesto do instinto acenando para
    a beleza.
Há em nós uma ansiedade para nos encontrarmos
    a nós mesmos,
Para descermos ao mais profundo de nós mesmos,
O que vale dizer: ao mais alto de nós mesmos."

O orador terminou e retira-se com gravidade.

E a assembléia distraidamente se dispersa
Não pensando mais naquela verdade inofensiva
    e monótona
Que outro orador há de afirmar no domingo
    próximo,
Como outros a têm repetido nos domingos
    anteriores.

INFÂNCIA

Dias de sol suave, de coloridos mansos,
Quando o verde dos matos é mais fresco e cheiroso
E pássaros piam nos esconderijos das árvores!

Vem à minha memória o tempo de menino,
A casa em que eu morava e o mato que havia em
                                                                    frente.
Meu irmão ia comigo buscar o coquinho selvagem
Que em cachos fartos pendia das palmeiras
                                                                     espinhosas.
Havia brejos, pontiagudos de caniços,
Espelhando o sol vertical nas águas lodosas.
Armávamos arapucas para as saracuras.

O saci-pererê morava nesse mato.

À noite
Vinham conversas monótonas de sapos
E pios impressionantes de inexplicáveis animais.

Dormíamos sonhando com aparições.

Mas na manhã seguinte, ao sol quente,
Íamos de novo apanhar saracuras,
Sem pensar mais nos terrores noturnos da véspera,
Esquecidos do saci-pererê.

Ó tempo de menino! Ó meu irmão que morreu
menino!

POESIA

E te envolverão com atitudes sinistras.
E desejarão secretamente a tua morte.
E atirarão sobre a tua cabeça
O riso fácil das incompreensões.

Entretanto, dentro de ti, indiferentes,
Como a chuva mansa caindo num jardim,
As palavras melancólicas de poesia
Abençoarão a trágica doçura da vida.

O CHALÉ NA MONTANHA

POMAR ABANDONADO

No pomar abandonado
Onde os pessegueiros velhos se curvam para
                                                  o chão,
Cabras ávidas, de pé nas patas traseiras,
Quebram galhos cobertos de frutos verdes
E ficam a roer tranqüilamente as folhas.

Os cabritinhos lamentosos
Andam em volta das mães indiferentes.
Às vezes atiram-se às tetas úberes
E mamam, aos trancos do focinho sequioso.

As cabras roem tranqüilamente as folhas
E voltam a erguer-se nas patas traseiras,
Tentando atingir os galhos mais altos,
Cobertos de frutos verdes.

ABRIL

Depois da chuvarada súbita
Que inundou os campos e os morros
O céu azula, fogem nuvens...

Vem das verdes matas molhadas
Uma frescura acariciante
– A frescura das bocas úmidas.

E mansamente, sobre a vila,
A tarde cai, em tons de rosa,
Como um anúncio do bom tempo.

CÉU DE INVERNO

Vim olhar o céu e fiquei triste.
As estrelas estão dando uma festa veneziana.
Um vento gelado envolveu-me a cabeça
E tive a sensação do abandono acabrunhante
De um doente miserável no silêncio noturno
                                          do hospital.

Oh! céu de inverno, céu profundo,
Céu enfeitado de estrelas
Por sobre a miséria da terra!

OS BREJOS

À boca da noite,
Quando a sombra gelada começa a estender-se
                                    pelos campos,
Vem dos brejos da redondeza
Uma respiração opressa e rítmica,
Uma ronqueira vaga e sonora:
É a tímida música dos sapos no entardecer.

Que desconsolo nessa toada monocórdia!

Agora é a estação das águas.
Durante meses as chuvaradas
Alagarão estradas e campos.
E todas as tardes, à boca da noite,
Será esta música do ermo,
Triste ronqueira dos brejos
Que parece vir de um grande peito doente.

O NOTURNO DA VILA ABERNÉSSIA

A casa deserta adormeceu.
Uma torneira mal fechada, lá dentro,
Pinga, num ritmo certo, a sua gota sonora.
Esse rumor é o único rumor da vida.
A casa deserta adormeceu.

A luz elétrica tem a claridade lívida
Das salas de jogo às três da manhã.
Entretanto, alumia uma sala casta
Cheia dos meus pensamentos melancólicos.

A vida sempre foi amarga para alguns.

Vem da noite fria, na estrada,
A surdina fanhosa dos insetos tímidos.

Ali embaixo, na vila adormecida,
Cabeceiam, amortecidas, algumas luzes.
É a pobre vilazinha dos tísicos.

A vida sempre foi amarga para alguns.

CANÇÕES DE AMOR
(1922-1925)

CANÇÃO DAS DUAS FOLHAS

És tão leve e pequenina...
Nem eu sei dizer como és!
Nem eu sei... Mulher? Menina?
Sei que és leve e pequenina,
Frágil da cabeça aos pés.

Vais partir... Meu pensamento
Diz que irás embora assim
Como uma folha que o vento
Quer levar, por meu tormento,
Para bem longe de mim.

Vento mau! Deixa-a na estrada
Junto à outra folha... (Sou eu
Essa outra folha da estrada.)
Ou leva as duas... – Coitada
Da que ficar atirada
Vendo a que o vento varreu!

CANÇÃO DO SANGUE E DAS ROSAS

Para colher as lindas rosas
Deste humilde ramo festivo,
Feri minhas mãos carinhosas.
Sangue meu... pequeninas rosas...
É pouco, mas é sangue vivo.

Parece que o sangue das rosas
Passou para cada ferida:
Gotas vermelhas e cheirosas...

Pudesse eu, a preço tão leve,
Colher pelo resto da vida
Tudo que a vida ainda me deve!

CANÇÃO DO BEIJO SUAVE

Tua boca delicada
Pôs na minha, docemente,
Uma carícia magoada.

Não te sei dizer ao vivo
Como foi meigo e suave
Esse beijo fugitivo,

Esse beijo de um instante,
Leve como a folha morta
Caindo sobre o passante...

CANÇÃO DA ESPERA FELIZ

A esperar-te me comovo.
Quem espera sempre alcança,
Diz a ciência do povo.
Tu não me sais da lembrança...
Ando igual a uma criança
Que quer um brinquedo novo.

E pensar que estás distante!
Se me visses triste, triste
Como fiquei desde o instante
Em que eu chorava e partiste,
Dirias: – "Meu poeta triste,
Eu volto... Espera um instante!"

Sim, eu espero... Esperando,
Meu coração se acostuma
A este sofrimento brando,
Dor que dói bem pouco, em suma,
Ou talvez coisa nenhuma...
Dor que se sofre gostando...

CANÇÃO DO CONSOLO

A hora é tão boa, tão serena!
A paz da noite silenciosa
Põe doçuras na minha pena.

Na solidão da casa antiga
Sinto-me agora diferente.
A noite é mansa, a noite é amiga...

A noite é amiga e confidente.
Anda uma vida cariciosa
No ar que respiro docemente.

Minha lembrança dolorosa
Adormeceu como um doente
Junto à enfermeira carinhosa.

CANÇÃO DA SINCERIDADE

Estou cansado da ironia,
Do fingimento... E tu? Também?
Ainda há uns instantes eu sorria
Respondendo à melancolia
Do gesto que me fez tão bem.

O brilho pérfido que viste
Aparecer no meu olhar,
Era comédia... – um pouco triste.
Entre nós uma coisa existe:
Ternura... Para que negar?

Esse manejo da esquivança
É doce; mas depois tem fel...
Acabou-se, amiga... Descansa
Tua cabeça de criança
Neste peito que te é fiel.

CANÇÃO DO PRANTO SEM MOTIVO

A aragem fria desta noite
Dá-me doçuras inefáveis.
Vêm misturados, vêm de longe,
Cheiros de flores e de matos,
Como de bocas impalpáveis.

Tenho meus olhos doloridos
De haver chorado nesta noite
Um vago pranto sem motivo.
Sinto um desejo indefinível
De paz profunda, humildemente.

A vida em torno é uma carícia
Para o meu corpo que adormece.

CANÇÃO DE UM DIA DE CHUVA

Dia de chuva! Que lindo,
Que bom para a gente amar!
És a tristeza caindo,
Chuva que cais a cantar...

Esperei a tarde inteira
E desespero por fim.
Não virás. Uma goteira
Está chorando por mim.

Ponho-me a ler, comovido,
Uns versos sentimentais.
E me foges do sentido...
Esqueço... Não sofro mais.

Caiu a noite. Incessante,
Fora, ouço a chuva a cantar.
Mas a goteira de há instante
– Por quê? – deixou de chorar.

*PROVÍNCIA
(1926-1928)*

HISTÓRIA LOCAL

Os moços não sabem quando se fundou a cidade.
Os velhos também não sabem,
Porque muito antes já era assim.

No morro do cemitério o povo ergueu um cruzeiro.
Velas acesas, todas as noites, ardem ao vento,
Como num altar.

Velas para as almas,
Levadas pelas moças da terra,
Medrosas de não casar.

As avós também fizeram assim.

A CASA DO PROMOTOR

No quintal há goiabeiras magras
E pés de chuchu trepando pelos galhos.
Os tinhorões sarapintados se escondem
Pelas moitas dos recantos úmidos.

Um olho-d'água que nasce no morro
Faz barulhos mansos de cachoeirinha
E escorre para os quintais próximos.

Os sapos, ocultos no mato,
Aguardam o cair da noite
Para caçar mosquitos no lampião da frente.

DOMINGO

O sino repica chamando à missa.
A neblina enche todo o vale,
Cobre os telhados, apaga as árvores.

Os caboclos descem da serra para a cidade
Em cavalinhos que põem fumaça pelas narinas.

O Largo da Matriz está enfeitado de bambus
Com fios mortos de bandeiras de papel.
Restos carbonizados de fogueiras
Jazem à toa, entre foguetes caídos.
Ontem foi dia de Santo Antônio.

Passam mulheres para o mercado
Levando meninos que choramingam
Porque sujaram a roupa nova.

SOMBRA

A tarde entrou pela janela, como um hálito.
Na transparência do ar, que tem cheiro de mato,
Uma andorinha passa perdida, voa sem pressa.

No espelho imóvel dos brejos
A água prolonga o céu e uma primeira estrela.
O crepúsculo vem vindo, desce dos morros.

Não tarda, o véu sutil feito de cinza esparsa
Todo me envolverá em sua grande sombra
E outras estrelas brilharão na água dos brejos.

LARGO DA MATRIZ

Ao fundo é a matriz toda branca de cal.
Nas casas chatas, à volta do largo,
As janelas fechadas montam guarda ao silêncio.

A lua sobe no alto da torre.

Os quartos de hora, que rolam do sino,
Em vão sugerem à cidade sonolenta
Os romantismos da madrugada.

É a hora boa de fugir com a moça.

BARULHO DE CHUVA NA FOLHAGEM

Começou a chover sem que ninguém visse.
À janela da sala, diante da horta,
Um bafo quente, que vem da noite,
Traz-me às narinas o cheiro da terra.

Nas folhas ocas dos tinhorões e das abóboras
A chuva bate, rapidamente,
Com gotas duras que parece que não molham.
Como que há pés minúsculos, invisíveis,
Dançando nervosos
Sobre a pele retesa de um tambor infantil.

VIOLÃO

Quem estará tocando violão?
Decerto é o barbeiro, noivo da moça,
Naquele rancho.

Os vaga-lumes, na noite de primavera,
Riscam fosforescências amorosas.

Todas as coisas, nesta noite,
Me ensinam profundamente
O exercício quotidiano da humildade.

PRODUTOS NACIONAIS

O BANHO

Junto à ponte do ribeirão
Meninos brincam nus dentro da água faiscante.
O sol brilha nos corpos molhados,
Cobertos de escamas líquidas.

Da igreja velha, no alto do morro,
O sino pinga lentamente um dobre fúnebre.

Na esquina da cadeia desemboca o enterro.
O caixão negro, listado de amarelo,
Pende dos braços de quatro homens de preto.
Vêm a passo cadenciado os amigos, seguindo,
O chapéu na mão, a cabeça baixa.
As botas rústicas, no completo silêncio,
Fazem na areia do chão o áspero rumor de vidro
                                                moído.

O sino dobra vagaroso: dobre triste
Na tarde clara que dá pena de morrer.

Cheios do inexplicável respeito da morte
Os meninos correram para baixo da ponte,
Como se a sua nudez pura pudesse ofender
                                                a morte.

Vai agora subindo o morro do cemitério
O caixão negro listado de ouro.
Já não se vê mais, desapareceu atrás do mato.

Na água fugitiva do ribeirão
Os corpos nus cambalhoteiam de novo
Com o sentimento espontâneo e invencível da vida.

ANOITECER

Essa poesia provinciana
Da tarde meiga enegrecendo sobre as casas em ruína,
Essa poesia provinciana, humildemente silenciosa,
Penetra fundo o coração dos que quiserem entendê-la.
Em torno à Praça da Matriz o mato verde sobe os
                                    morros
(Onde vaquinhas de presepe estão imóveis, ruminando)
E umas crianças, na algazarra dissonante do brinquedo,
Correm atrás das andorinhas que regressam aos beirais.

No escuro vão das grandes portas dos sobrados
                                    amarelos
Comadres velhas se entretêm a comentar umas histórias,
Sempre em segredo, umas histórias que falaram, que
                                    disseram,
Enquanto no ar desfeito em cinza sobre as casas,
                            sobre os morros,
Ao som do sino anunciador que agora toca a ave-maria,
A lua vai aparecendo, em claridades pensativas,
Tornando mais insinuante, mais estranha e mais
                                    pungente
Essa poesia provinciana.

CEMITÉRIO

Velho cemitério com túmulos desfeitos,
Com grades enferrujadas,
Com mármores encardidos,
Com campas cobertas de mato
E cruzes de letreiros ilegíveis!

Enfeitadas de papel sem cor,
Urnas de lata pintada guardam retratos:
Retratos de mulheres esquecidas,
Retratos de homens esquecidos,
Olhando através de vidros sujos.

Não tenho aqui nenhum parente, nenhum amigo.
Mas ah! como estas sepulturas me entristecem.
Parece que guardam parentes, que guardam
                                        amigos.
Pobres criaturas que tiveram voz, que tiveram
                                        gestos,
Que deram risada, que se aborreceram,
Que existiram como eu mesmo existo neste
                                        instante,
Pobres sombras de há muitos anos, para sempre
                                        mortas,
Perdidas num cemitério de província!

NOROESTE E OUTROS POEMAS DO BRASIL (1926-1932)

RECIFE

Não és Veneza, ingênuo Recife dos rios inquietos,
Não és Veneza, nem tuas casas (oh, quantas cores!),
Nem tuas casas, banhando na água os claros reflexos,
Dão aos meus olhos outra alegria que não de infância,
Ciranda cirandinha com os raios do sol.

Cidade menina, vestida de cores (oh, quantas cores!),
Com suas ruas endomingadas de palacetes,
Indo à tardinha ver o folguedo dos bairros pobres
Em que os mocambos, pobres negrinhos, têm os pés
                                                na água
E brincam de esconde-esconde com os coqueirais.

Olinda está lá, na colina, e resmunga no vento,
Coitada, tão velha, sempre com o seu rosário.
Ingênuo Recife, não faças barulho, deixa-a dormir...

RIO DE JANEIRO

Montanhas para turistas rodeiam o mar.
Faíscam dentro das matas pitorescas
Binóculos de ingleses e argentinos.
Oh, la naturaleza! Very beautiful, indeed.
Os couraçados, quietos na baía azul,
Sopram para o alto uma fumaça mansa.

Portugueses suarentos correm as ruas,
Insensíveis às quedas ruinosas do câmbio,
Amontoando dinheiro para os genros nacionais.

Por todos os cantos barulhentos da cidade
As campainhas estrídulas dos cinemas
Insistem convidando a população a esquecer
                                      o trabalho.

No rumor constante da vida tumultuária
As multidões infatigáveis de funcionários públicos
Circulam entre os palácios democráticos.
E no peito de todos um confuso entusiasmo
                                      de felicidade
Vibra tão forte como a luz.
O Brasil é o maior país do mundo.
A baía da Guanabara é a baía mais bela do mundo.
O povo brasileiro é o povo mais inteligente
                                      do mundo.

SÃO PAULO

Estas casimiras são resistentes como as inglesas.
Estas tintas são tão boas como as alemãs.
Este aço é de Ribeirão Preto. Não te comoves?
Tudo que vês, inumerável, nesta sala,
É indústria de São Paulo.

(Seu olhar distraído pousa em todas as coisas
Inteiramente alheio às significações.)

Vem saudar da janela a Capital: descobre-te.
Vê com que força, para o céu discreto e pensativo,
As massas de cimento armado erguem braços que
chamam.
Olha com que amplidão no horizonte das várzeas
O áspero manto das chaminés se perde ao longe.
Ouve o clamor dos trens, dos motores, dos homens,
Ouve o apelo à energia!

(Seu fino sorriso cai frouxamente de um lábio irônico.)

Pensa agora um momento naquele pobre padre,
Há quatrocentos anos, nestas mesmas colinas,
Sozinho, perdido entre as ínvias florestas,
Iniciando em Deus os bugres desconfiados
E fundando o espírito de tudo que vês.

Vem de novo comigo. Olha estas máquinas agrícolas...
Estes chapéus de feltro... Estes panos de seda...
Estas louças... Estes móveis... Estes brinquedos...
Esta cutelaria... Estes produtos químicos...

(Seu vulto fútil bamboleia displicente
Entre as galerias da indústria do seu povo,
Incapaz de penetrar-lhe o profundo sentido.)

SÃO VICENTE

São Vicente! Nas tuas praias hoje quietas
Outrora palpitaram caravelas heróicas.
Daqui partiram expedições aventureiras.
A cordilheira, alta lá longe, era misteriosa.
Aqui, os portugueses iniciais, hábeis e brutos,
Fizeram alianças com pajés amigos
E lutaram a peito nu contra os goitacases.
Aqui nasceu a civilização do Sul,
Ó velha capitania-mater!

Agora, nas praias que os coqueiros ainda enfeitam,
Os bangalôs dos engenheiros ingleses
Dormem ao calor da tarde.
Inglesas esgalgas, de cabelo de estopa,
Espiam através de lunetas de ouro
O infinito mar em cujo distante horizonte
Se dilui a fumaça dos vapores da Royal Mail.

*CANCIONEIRO
DE DOM AFONSO
(1932-1939)*

ELEGIA CIVIL

Afonso, ela é tão calma e branca, esta Suíça!
Dá vontade de ser pastor nas suas montanhas.
No entanto eu sei que no teu peito (e no meu peito)
Sua mão de enfermeira é fria, é fria.
Afonso, eu também quero outra mão em meu peito.
Onde está a mão de nossa mãe Bahia?

Nossa mãe Bahia! Nossa mãe Bahia!
Tantas cantigas de embalar que ela sabia!

Afonso, a hora soou de partir pelo mar.
É triste o erro civil, triste a nossa aventura,
Insubstituível nossa ingênua biografia,
Inútil nossa vocação desesperada.
Embora: a hora soou de partir pelo mar.

Partamos pelo mar ainda que seja tarde
– Tarde demais para assentar praça na infantaria.

Montana, Suíça, janeiro de 1932.

SEGUNDA ELEGIA

Já não me vês aqui como a Suíça, outrora.
Lembras-te, Afonso, da nossa inquieta nostalgia?
Naquele tempo nosso peito era doente
E a hora da febre todas as tardes nos oprimia.
Ah, se pudéssemos! E na branca montanha em frente
A evocação da terra natal, pelo céu em fora,
Sacrifícios campais, fumaça espessa, erguia.

Com efeito, não era possível assentar praça
                            na infantaria.
Tantas portas ao nosso passo estavam fechadas!
Inútil era que a Suíça, calma e fria,
Nos desse a ânsia de sentir no peito ardente
A suspirada mão de nossa mãe Bahia.

Agora, quero a mão de outra mãe. Clamo em vão!
A verdadeira mãe está morta e sepulta.
Também em nosso peito, com feridas cicatrizadas.
A mocidade ingênua está morta e sepulta.
Ó irmão civil! Cantemos juntos a desilusão.
Façamos modinhas ao gosto do povo, "Morena
                        ingrata", "Vidas cansadas",
E outras que tais, próprias para violão.

Wassenaar, Holanda, abril de 1939.

ZUIDERZEE

– "Afonso, que bom este novo encontro no caminho.
Agora, nem neves, nem balcão de cura."
– "Com águas passadas não mói o moinho."

– "Afonso, diante destas águas mortas
Penso no sonho morto e na morta aventura."
– "Deus escreve direito por linhas tortas."

– "Afonso, em todo caso é triste a nossa fuga,
A profissão em glória, o conformado espanto."
– "Mais vale quem Deus ajuda do que quem
cedo madruga."

– "Afonso, a vida foi-nos amarga, fel e vinagre.
Tu ias ser o rei, eu ia ser o santo."
– "Santo de casa não faz milagre."

FESTA NA BAHIA

> *Andorinha cantou é dia.*
> (Motivo popular)

> *Cristo nasceu na Bahia.*
> (Motivo popular)

Andorinha cantou é dia,
Cristo nasceu na Bahia.

Aqueles sábios das Escrituras
Já não gostavam de nós, eu sei.
Era o preconceito contra as misturas.
Índios e negros, raças impuras,
Que era aquilo, com portugueses de lei?

Andorinha passou contando
Que o Filho de Deus estava chegando.

Teve sempre de tudo na Bahia.
A gente querendo acha: acha porque ainda tem.
Mulheres, então, nem posso dizer as que havia!
Umas de pé descalço, outras com colar de
                                      pedraria,

Iaiá, cafuné, berenguendém
No céu de coqueiros cantou a andorinha.
A cidade ficou sabendo: Nosso Senhor do
                               Bonfim já vinha.
Houve de tudo na Bahia e de todas as cores,
Houve tudo que é bom e ainda há.
Risos de todos os dentes, braços de todos os
                               odores,
Mulatas enfeitiçando padres e governadores,
Azeite-de-dendê, moqueca de peixe, vatapá.

Andorinha cantou é dia,
Cristo nasceu na Bahia.
Domingo eu vou lá.

SANFONA DO MENOR IMPERIAL

Meu Deus, que hei de fazer com estes conselheiros?
Não sei hebreu, não sei grego, não sei latim.
Quero estudar, não posso, a me impedir são os
                                    primeiros.
São só festas no Paço, amolações sem fim.
Quando eu for grande e vierem sábios estrangeiros,
Meu Bom Jesus de Pirapora, que será de mim?

Que será de mim, meu Bom Jesus de Pirapora?
Não me deixam sair quando na veneta me dá.
Se começo a fazer uma coisa, vêm logo: não é hora.
Também não viajo. Como é Mato Grosso? Como é
                                    Corumbá?
(Outro dia escutei um zunzum aí por fora;
Parece que vai haver uma guerra por lá.)

Que vida! Não choro porque um menino como eu
                                    não chora.
Mas se continua deste jeito, que será de mim?
Eu acabo é perdendo a paciência e vou-me embora:
Salto a janela de noite e fujo pelo jardim.
Quando virem, sumi por esse mundo afora,
Corumbá, Cuiabá, Poconé, Coxim.

ENCONTRO DE GUARANIS E TAPUIAS

Maceió!
Maceió!
(Coco)

Falam deuses nos cantos do Piaga,
ó guerreiros meus cantos ouvi.

(Gonçalves Dias)

TAPUIA:

Sou valente, sou do Norte,
Vim aqui fazer barulho,
Vim desafiar meu irmão.
Meu irmão tem muito orgulho?
Vamos ver quem é mais forte.
Eu tenho rifle e facão.

CORO (guaranis e tapuias):

Esta dança
É das boas.
Eh, nós!
Alagoas.

GUARANI:

Sou do Sul. Na minha taba
Há uma lei. A lei garante
Quem aqui chegar por bem.
Se o encontro durar bastante,
Meu irmão, você acaba
Querendo essa lei também.

CORO (guaranis e tapuias):

> Esta lei
> É das boas.
> Eh, nós!
> Alagoas.

TAPUIA:

Cale a boca, irmão sulino!
Você tem sangue estrangeiro,
Turco, italiano e alemão.
Só sabe ganhar dinheiro.
Não sabe brigar, menino!
Briga é assim: rifle e facão.

CORO (guaranis e tapuias):

> Esta briga
> É das boas.
> Eh, nós!
> Alagoas.

GUARANI:

Pois está direito: eu brigo.
Se não sou mais que os do Norte,
Menos também é que não.
Será bela a minha morte
Entre esses campos de trigo,
Milho, café e algodão.

CORO (guaranis e tapuias):

> Esta roça
> É das boas.
> Eh, nós!
> Alagoas.

ENCANTAÇÃO DE SÃO BENEDITO MEDROSO

> *Benedito santo,*
> *Santo da alegria!*
> (Moda dos negros de Minas)

Benedito Santo,
Santo da alegria,
Hoje é o dia dos reis, Benedito,
É hoje o teu dia.

> Não é, Benedito,
> Não é, Benedito.

Benedito santo,
Nosso Senhor foi
Te buscar na Luanda, Benedito,
Para nosso guia.

> Não foi, Benedito,
> Não foi, Benedito.

Benedito santo,
Vem dançar congado,
Negro tem licença, Benedito,
Branco não caçoa.

                Não tem, Benedito,
                Não tem, Benedito.

Benedito santo,
Vem beber cachaça,
Vem beber com a gente, Benedito,
A cachaça é boa.

                É ruim, Benedito,
                É ruim, Benedito.

Benedito santo,
Tem povo esperando,
Tem negro e tem branco, Benedito,
Tudo sai na rua.

                Não sai, Benedito,
                Não sai, Benedito.

Benedito santo,
Santo da alegria,
Deixa desse medo, Benedito,
Hoje a festa é tua.

                    Não vai, Benedito,
                    Não vai, Benedito.

CANCIONEIRO
DO AUSENTE
(1932-1943)

NOTURNO DA PRAIA DESERTA

Janela aberta para a sombra,
Vento que chega e traz meiguice,
Onda que canta nos rochedos,
Noite lavada de salitre,
Cheirosa de matos e espumas.

Repouso de todas as dúvidas,
Acalanto de conformados,
Mãos esquecidas noutras mãos,
Matéria pura e sem memória,
Ausente do ocioso mistério.

Mistura de corpos e de hálitos,
Não se sabe se é mar, se é noite,
Apenas gosto, ritmo e cheiro,
A viagem que não tem nome
E o naufrágio na gratidão.

BONECOS

Este gesto de pôr um dedo nos seus lábios
Faz de mim um menino e dela uma boneca.
Sinto o desejo de tê-la morta, de ver por dentro
De que é feito o seu corpo.

Este gesto de me apertar contra o seu peito
Faz de mim um boneco e dela uma menina.
Sinto o desejo de diverti-la, de que o meu corpo
Caia em pedaços das suas mãos.

Como somos então menino e menina,
Ficamos a brincar tão cheios de candura
Que nem é crível que no brinquedo exista
                              algum mal.

Como somos os dois menino e menina,
Cansamo-nos depressa e dormimos tranqüilos
Num ingênuo abandono de bonecos partidos.

FALASTE DA MORTE...

Falaste da morte de um jeito suave,
Falaste da morte como uma criança
Seguindo com os olhos o vôo de uma ave.
Falaste da morte sorrindo tão mansa,
Tão meiga sorrindo que agora parece
Que a morte na tarde procura por mim.
A morte seria, se agora viesse,
Como uma andorinha tonta no jardim.

ARCO-ÍRIS

Depois da chuva, o sol acaricia as flores
Que enfeitam os balcões dos sobrados obscuros.
Pelas vidraças há reflexos de novas cores
E o arco-íris pinta de fresco os velhos muros.

Escuta-se cantar pelos pátios antigos.
Longe, meninos em algazarra voltam da escola.
A rir, olhando o céu, arrastam-se mendigos,
Esquecidos de erguer a mão aberta à esmola.

No chafariz estão mulheres batendo roupa.
Uma fumaça azul se evola das cozinhas
E anda por tudo o olor dos caldeirões de sopa.

Respira-se no bairro um ar adolescente.
A feiticeira, que lê no vôo das andorinhas,
Disse que vai haver um futuro inocente.

CAFÉ DO PORTO

A dona do café do porto
Se é moça ou velha ninguém sabe.
Com ela ainda ninguém dormiu.

Quem vai lá beber só sai
Bêbedo de cair morto,
Mas nem a cara lhe viu.

Bebida boa ela dá,
Faz servir o copo ao meio,
Dormir é que não promete.

Beber, bebam: embebedem-se;
Podem rebentar de cheios,
Dançar de roda, cantar na sala.

Não queiram é tocar-lhe os seios,
Que a dona do café do porto,
Ninguém poderá tocá-la.

Ninguém – capitão ou grumete –
Poderá dizer que a ouviu
Falar com um homem na mesma cama.

Ninguém a ouviu, ninguém a viu.
Só se sabe que está na sala
E que com ninguém passa a noite.

Já no cais o navio chama.
Bêbedos vão capitães, grumetes...
Era o último porto de escala.

LAMENTAÇÃO DO CAIÇARA

Minha infância é um porto, navios e bandeiras.
Diante de um cais comercial foi que nasci.
A gesticulação dos mastros que partiam
Dava-me o desejo das travessias aventureiras,
E o monótono adeus que as sereias mugiam
Fazia-me sonhar com terras estrangeiras.

À noite, era longo o cais sonolento.
Luzinhas vermelhas picavam o escuro
E um cheiro de além chegava no vento.
Eu ficava a pensar – cismas de menino –
Que além desse escuro, além desse mar,
Um bem qualquer estava à espera do meu destino,
Um bem que se eu partisse iria encontrar.

O bem esperado ainda hoje o não tenho,
Mas pelo mundo andei e até me perdi.
Agora, a um outro cais é que cismar eu venho
E fica noutro mar o porto em que nasci.
Irão até ele estas ondas que passam ligeiras?
Levarão meu corpo a uma praia com palmeiras?
Se levarem, posso morrer aqui.

ÁRIA DOMINICAL

Noite mal dormida
Despertar de tédio!

Vida mal vivida,
Vida sem remédio.

Lá fora é domingo.
Triste? Alegre? Médio.

Chove. Cada pingo
Pinga pena e tédio.

INVOCAÇÃO DE POUSO ALTO

Nem mais o rumor do córrego frio,
Nem mais o cheiro do mato noturno.
Aonde foi a estrela que velava comigo,
Perdidos os dois naquela hora morta,
Entre as sombras mortas do casario?
Era tarde, mas a qualquer porta
Eu podia bater, chamar um amigo.

Se estivesse triste, tinha a quem falar;
Se estivesse alegre, tinha a quem me dar.

Agora, nem mais o rumor do córrego frio,
Nem mato cheiroso. Tão longe, enfim!
Tão longe, e eu aqui, sem jeito, sem sono,
Pensando na estrela que não pensa em mim.

SAUDADES DE SEBASTIÃO PESCADOR

Entre as choças do morro houve um dia um telhado
Onde não se viu mais a fumacinha ao vento.
A panela, vazia; o fogão, apagado.

Para dar de comer aos seus quatro negrinhos,
Sebastião Pescador passava a vida ao sol.
À noite, vinha com o peixe pelos caminhos.

Sua riqueza foi a camisa de chita,
A vara de pescar, uma corda e um anzol.
Mas teve finalmente uma roupa bonita:

Sebastião Pescador, vestido de mortalha,
Foi viver no macio e esquecer seu tormento.
Lá é melhor. Há peixe e nem negro trabalha.

PONTEIO NOSTÁLGICO

Bambual à beira
Do velho caminho
E uma bananeira
Tapando o ranchinho.

Ranchinho barrento,
Bambual sonoro,
Bananeira ao vento...
Aqui onde eu moro
Não há.

Longe, devagar,
Um moinho acena:
Sabe desta pena,
Quer me consolar.

Aqui, como lá,
Mesma tarde fria,
Mesma espera em vão,
Mesma solidão
E melancolia.

E o mesmo ponteio
Na mesma viola
Que já não consola
Porque o bem não veio.

DONA MOÇA TRISTE

Dona Moça Triste, Dona Tristezinha,
Quero que me fale, quero que me diga:
Esta canção é moderna ou antiga?

Brinquemos. Não sei que saudade, esta noite!
E escrevo estes versos que nem versos são.
Dona Moça Triste, Dona Tristezinha,
São versos? São versos ou não?

Dona Moça Triste, que gosto apurado!
Que muxoxo meigo que a senhora deu!
Me creia, é cantiga.
Cantiga de ausente
E de enamorado,
Com rima ou sem rima,
Que mando à senhora por cima
Do mar.

Cantiga que fica na noite do ausente,
E parece gente
Que veio de longe para me ninar.

LAMENTAÇÃO DA MÃE SOZINHA

Nas ondas do mar – que vêm, que vão –
Mando a meu filho uns tristes recados,
Coisas que sempre a doer-me estão.
Meu filho anda longe, por mal de pecados,
Mas a culpa é minha, não é dele, não.
Não é dele a culpa, é somente minha:
Quero aqui morrer, ainda que sozinha.

Ele também sofre de saber-me ausente,
Cantando a este mar, pregada a este chão.
Ao partir de casa, ainda adolescente,
Queria levar-me, pediu-me em vão;
E eu sempre a negar-me, que é o que ele mais sente.

Das ondas do mar – que vêm, que vão –
Há muito que fiz minha companhia.
O rumor das ondas meus lamentos são,
Lamentos de mãe que vê cada dia
Mais perto seus ombros ficarem do chão.

Quero aqui morrer, ainda que sozinha.
De ninguém é a culpa, é somente minha.
E do mar: das ondas que vêm, que vão...

CARÍCIA

Por que sinto em meu corpo este contato frio?
Passou alguém? Está alguém? Ah, se assim fosse!
Se estendo as mãos, é o nada: o nada apenas toco;
Se abro os olhos, é escuro: o escuro apenas vejo;
Tudo é imobilidade, é silêncio e é vazio.

Em menino, fui tão medroso desta hora!
Medroso, a ver na sombra os fantasmas da noite,
A ouvi-los caminhar em torno do meu leito,
Até que minha mãe, que eu chamava, acudia:
"Filhinho!" Acariciava o filho e ia-se embora.

Hoje que, se eu chamar, já não ouço "Filhinho!",
Hoje sou eu que quero e fico a olhar o escuro,
Insistindo em palpar o silêncio e o vazio,
A ver se as mãos de outrora ainda estão pela noite
Para fazer dormir o menino sozinho.

LENDA

Pescadores que vão por este mar nevoento
Dizem saber de alguém que sai pela onda escura,
Protegendo nas mãos uma luz contra o vento.

Com uma estrela perdida a servir de candeia,
É o senhor deste mar que de noite procura
Surpreender dormindo um corpo de sereia.

E quando no horizonte a madrugada raia,
Cabelos de mulher são vistos pela areia,
Cabelos que não são das mulheres da praia.

INVOCAÇÃO DO PORTO NATAL

O porto em que nasci! Era eu menino
Quando uma vez me viste, olhos no mar,
Pedir ao mar incerto o meu destino.

O mar ouviu-me. Meu destino é errar.
Por onde eu vá, seguindo esse destino,
Entre eu e minha mãe existe o mar.

Enfim, se o barco em que eu voltar um dia
Deva ir ao fundo, que suceda tal
Em frente ao porto a que eu tão bem queria.

E que meu corpo inerte, no balanço
Da onda encontrando o embalo maternal,
Possa no mesmo porto achar descanso.

CANTIGAS BRASILEIRAS NO HEMISFÉRIO NORTE

NOVA IORQUE

Os *buildings*, à noite, são altos de morro,
Janelas sem sono de nações perdidas,
Queimando exiladas nas negras alturas.

Sirenas do Hudson pedindo socorro,
Adeuses de trens, choro, despedidas,
Misturam-se a todas as vozes impuras.

Luzes da Broadway! Reclames! Alarde!
Invenções! Dinheiro! Mais gente! Mais povos!
Pode vir o mundo, que acha o porto aberto!

Pela noite adentro, Nova Iorque arde.
Mas o dia foge a esses clamores novos:
Vai nascer antigo num subúrbio incerto.

DEPOIS DA CHUVA

Depois da chuva tudo passou para o meu corpo,
Tudo que havia de feminino naquela praça,
As folhas úmidas, a água corrente, a voz da fonte;
Tudo absorvi como se fosse eu próprio a terra
E ao contato de uma presença me transformasse.

Simplesmente, eu estava sob os plátanos.
As gotas que me caíam no rosto e nas mãos
Provocavam analogias singulares.

Eu a esperava. Enfim, ela chegou: sorria.
Vinha úmida também, gotejante de chuva.
Em sua boca absorvi a frescura da tarde,
A frescura da terra e das folhas depois da chuva.

ENTRE MAR E RIO (1943-1946)

NETO DE EMIGRANTE

CANTIGA DO AVÔ PORTUGUÊS

O meu avô foi à caça
Na serra do Cubatão.
Mas, ano vem, ano passa,
Nunca volta do sertão.

Dizem que os índios são bravos,
Nem sempre as índias também!
Meu avô levou escravos
Com redes que embalam bem.

O bafo das noites quentes
Faz pensar noutros Brasis
Em que andam nossos parentes
Com outras índias gentis.

"A caça, que tempo dura?",
A minha mãe perguntei.
"Vai até a sepultura,
Porque é serviço de El-Rei."

CAIS DO PAQUETÁ

Lusitana melodia,
Voz de inocência e de infância,
Sempre um vapor que partia.
E olhos presos na distância.

Sempre um vapor que partia
E um menino que ficava
Sonhando o que se escondia
Muito além da praia brava.

Sonhando o que se escondia
– Ilhas dos antepassados –
Na fumaça fugidia
Dos vapores carregados,

Menino do cais do porto,
A tua mercadoria
Eram vozes do avô morto
Que de volta lá se via.

RETRATOS

Esta prima que definha
Num retrato amarelado,
Dizem que morreu mocinha,
De um amor contrariado.

Fotografias da sala
Com molduras de veludo:
O pai está sempre a olhá-la,
De barbas e carrancudo.

Fotografias, parentes,
Dedicatórias, lembranças,
O mar e dois continentes,
Separações e alianças.

Mal amarradas com fitas.
Há cartas numa gaveta,
Cartas muito bem escritas
Em papel com tarja preta.

Mas a prima ainda suspira
No retrato amarelado,
Triste do pai que exigira
Que ela rompesse o noivado.

NAU CAPITÂNIA

SOBRADOS

Entre estas sete colinas,
À noite, pelos sobrados,
As janelas pombalinas
São como olhos fechados.

Olhos que muito choraram
Pelos filhos emigrantes
Que de longe não voltaram
(Bem poucos voltavam antes).

Na Baixa, não sei por onde,
Por essas ruas do centro,
Cada sobrado responde
A coisas que trago dentro.

Mas é com sol, é de dia,
E dia de primavera,
Que em Lisboa eu morreria
E um só desejo tivera:

O adeus das obscuras vidas
Que moram nesses sobrados,
Onde roupas estendidas
Já são lenços acenados.

CHÃO ANTIGO

SÃO DOMINGOS DE RANA

Quando eu ia pelos montes,
Anoiteceu de repente:
Noite de vento e de crime.
Já não havia horizontes.
Ninguém passava e perdi-me.

Era triste – a noite e o vento.
As aldeias se escondiam.
Nos vales negros, nem luzes
Pelas casas se acendiam.
Andavam lobos no vento?

Alas de pedra arrancada
Ao chão das lavras erguiam
Braços ao longo da estrada.
Cada mão me parecia
Ter uma lança apontada.

E, sem saber aonde ia
Nas sombras da noite triste
O meu peito procurava
Qual dessas lanças em riste
Melhor feria e matava.

ALENTEJO

Pelos campos alentejanos
Que no verão o trigo doura,
Chove demais em certos anos
Entre Évora e Águas de Moura.

*

Um pastor dali me contava
Que, dormindo ao pé de um sobreiro,
Viu de repente que nadava,
E com ele o rebanho inteiro.

É tudo chuva, é tudo rio.
Nadando vão outros rebanhos.
Fidalgos do reino algarvio
Oferecem barcos estranhos.

Aquele é o Infante Dom Henrique,
Pelo chapéu o reconhece:
Em Sagres, no rochedo a pique,
Interroga o mar que escurece.

E lá vão ao mar os pastores
Tangendo à flor da água os seus gados.
Serão também navegadores,
Se não morrerem afogados.

*

Entre Évora e Águas de Moura,
Pelos montes alentejanos,
Pastores e homens de lavoura
Sonham com o mar todos os anos.

FÁTIMA

A que falou com meiguice
A três crianças do povo
Por aqui andou de novo,
Pena é que ninguém a visse.

Mas não foi durante o dia,
Com muita gente a esperá-la
E a igreja de grande gala:
Foi tarde e tudo dormia.

Que nestas serras e campos
Nossa Senhora, escondida,
Só sai à noite, vestida
De estrelas e pirilampos.

LITORAL BRAVIO

LITANIA DAS RACHONAS NORTENHAS

Rachonas vos chamam,
Pobres mulherinhas
Que colheis as pinhas
Do pinhal de El-Rei,

Pinhas que se racham,
Maduras de vez,
Caindo magoadas
No chão português,

Enquanto da praia,
Na crista das ondas,
Vossos filhos pelas
Solidões marinhas

Vão a mais colheitas
No longe polar,
Em tábuas estreitas
Como sepulturas,

Que a vida é perigo,
Rachonas obscuras
Do país antigo
– Pinheiros e mar.

PRAIA DE SANTA CRUZ

Vozes da noite, gemidos,
Embalos da água e do vento,
Cair de ramos partidos,
Moinhos em movimento;

Se eu saísse, achava gosto
No que lá fora está vivo:
Salpicos de mar no rosto
E em tudo um cheiro lascivo.

Mas na praia adormecida
Entre penedos escuros,
Nada está da mesma vida
Que me dou entre estes muros.

Aqui, sou o meu embalo;
Aqui, sou o mar e o vento;
Aqui, sou eu que me falo
E ouço o meu próprio lamento.

GUITARRA E VIOLÃO

FADINHO ORGULHOSO

Caprichos da geografia
Nosso estranho litoral:
Onde o Brasil principia
Não acaba Portugal.

Terra antiga e terra moça,
Juntas na separação;
Quando cantam, quem as ouça
Não dirá que longe estão.

Ó país que eu em menino
Via de longe crescer,
Quem te chama pequenino
Não tem olhos para ver.

Este mar também é terra
Legada por nossos pais:
Quem souber contar não erra,
Conte estas léguas a mais.

FADO DE MARIA SERRANA

Se a memória não me engana,
Pediste-me um fado triste:
Triste Maria Serrana,
Por que tal fado pediste?

Na serra, a fonte e as ovelhas
Eram só os teus cuidados;
Tinhas as faces vermelhas,
Hoje tens lábios pintados.

Hoje de rica tens fama
E toda a cidade é tua;
Tens um homem que te chama
Ao canto de cada rua.

Mas ai! pudesses de novo
Tornar à serra, Maria!
Se não te perdoasse o povo,
A serra te perdoaria.

Lá te espera o mesmo monte,
E a casa junto ao caminho,
E a água da mesma fonte
Que diz teu nome baixinho.

Secos teus olhos de mágoa,
Se não tivessem mais pranto,
Choraria aquela água
Que já por ti chorou tanto.

MADRIGAL INDECISO

Se estivesses a meu lado,
Hoje, só hoje, eu diria
O que há muito anda abafado
Em flores de cortesia.

Hoje por quê? Porque chove
E mais do que eu ninguém sente
Esta chuva que comove,
Pondo cinza pelo ambiente.

Hoje, sim, tudo eu diria,
Não por ser muita a coragem,
Mas pelas cores do dia
E a insinuação da paisagem.

Se de repente, indeciso,
Só dissesse coisas vagas,
Seria por esse riso
Com que intimidas e afagas.

Se afinal nada dissesse,
É porque, se estou contigo,
Não sei mais nada e parece
Que sabes do que eu não digo.

SONETOS DA RUA CASTILHO

SONETO DA FIEL INFÂNCIA

Tudo que em mim foi natural – pobreza,
Mágoas de infância só, casa vazia,
Lutos, e pouco pão na pouca mesa –
Dói na saudade mais que então doía.

Da lamparina do meu quarto, acesa
No pequeno oratório noite e dia,
Vinha-me a sensação de uma riqueza
Que no meu sangue de menino ardia.

Altas horas, rezando no seu canto,
Minha mãe muitas vezes soluçava
E dava-me a beijar não sei que santo.

Meu Deus! Mais do que o santo que eu beijava,
Faz-me falta o cair daquele pranto
Com que ela junto ao peito me molhava.

SONETO SUPÉRFLUO

Perdido é este dizer de coisas finas,
Se sei que coisas são de pouca monta;
De que vale inventar frases meninas,
Carícias infantis, mimos sem conta?

Orelhas musicais, conchas franzinas,
Em que um rubor de sangue mal desponta,
Nelas ponho murmúrios e surdinas
Que não divertem a criança tonta.

Brilhos de pingo de água em folha arisca,
Reflexos de uma absurda pedra clara,
Não sei que lume, não sei que faísca –

No fugitivo céu da sua cara
Cada olhar é uma estrela quando risca
Esquivanças de amor na noite rara.

ADEUS À RUA CASTILHO

Não verás mais o Tejo nem as cores
Que remoçam ao sol, no casario.
Em breve, pelas terras aonde fores,
Terás saudades do entre mar e rio.

Mesmo num chão em que haja as mesmas flores
Ou sob um céu do mesmo azul macio,
Até mesmo encontrando outros amores,
Teu coração já baterá mais frio.

Porque na pedra antiga de Lisboa
Fica a razão de ser da tua raça,
A voz que ralha, mas não atraiçoa,

Fica este não-sei-quê de firme e obscuro
Que vem de longe e no teu peito passa,
Passado que é presente e que é futuro.

LONGE
(Poemas reunidos em 1961)

SEPARAÇÕES

REGRESSO DE DONA ESPERANÇA

Na sua égua tordilha
Que quando marcha embalança,
Lá se vai Dona Esperança
Enrolada na mantilha.

Vai de luto, mancha vaga
Na cerração envolvente
Que apesar do sol nascente
Todos os vultos apaga.

Festa de santo, novena,
Rezas do mês de Maria,
Ali ninguém mais a via –
E a cidade tinha pena.

Ela, que tanto dançara
Nos bailes da Prefeitura,
Viver naquela lonjura,
E tão bonita de cara!

... Bons colonos, bom marido,
Boa casa de morada,
A fazenda bem cuidada...
O mais, perdera o sentido.

Mas hoje Dona Esperança
– Depois de um pleito de terras
Que acabou naquelas serras
Em tocaias e vingança –,

Hoje, de luto fechado,
À solidão da fazenda
Não tem mais nada que a prenda:
Só lembranças do passado.

Lá vai ela, soluçante,
Montada na égua tordilha,
Vendo a igreja que já brilha
No alto do morro distante.

ROMANCE DA PRAIA ENLUARADA

Que coisa era, levada
Pela força da corrente?
Talvez canoa virada.
Ou era corpo de gente?

Uns, que não: nada de gente,
Eram só ramos de flores
Caídos naturalmente
Da proa de uns pescadores.

Outros que sim: parecia
Corpo de algum afogado;
Cedo ou tarde chegaria
Pelas ondas carregado.

Gente ou não, que linda lua!
Tanto é o brilho na água imensa
Que entre tudo que flutua
Não pode haver diferença.

Como ninguém chegou perto,
Ninguém lhe viu o escondido
Corpo, de espuma coberto,
Com seu cabelo comprido.

Moça afogada no banho,
Barco e flor a noite inteira,
Foi morar no reino estranho
Que há nesta praia traiçoeira.

ÁGUA DE REGA

A esta pasta em que recolhia
Meus versos de menino e moço,
Dei um nome por ironia.
Em grandes letras leio: Poço.

Velhos papéis, pálida escrita...
Deitá-los fora às vezes penso,
Mas a mão que se apronta hesita
E o coração fica suspenso.

Outrora um poço verdadeiro
Nos fundos do quintal eu tinha,
As plantas de cada canteiro
Bebiam dele na tardinha.

Aquele poço de água morta
Escondia uma vida obscura,
Alegrava o jardim e a horta
E às minhas mãos dava frescura.

Versos que assim fora não deito
Ainda podem ter serventia:
Água para regar o peito
Quando for secando a poesia.

ESCALAS

TRINIDAD

A paisagem é toda uma cintilação.
Casinhas pobres pela montanha
E gentes escuras no calor do dia
Não sabem que isto já foi Espanha.

Nas águas inglesas da baía
Brincam negrinhos nus.
No cais, carregando carvão
Para não sei qual companhia,
Correm Africanos e Hindus.

De noite, às esquinas, com seus tabuleiros,
Pretas velhas de rosto retinto
Vendem coisas boas à luz de candeeiros.
Cajá, caju e fruta-do-conde
Aqui têm outro nome.

Na língua em que falo ninguém me responde,
Mas nem mesmo os risos são diferentes:
Mangueira, Favela ou Morro do Pinto?
Conheço estas luzes, conheço estas gentes...

Será saudade o que eu sinto
Ou tem outro nome?

CAMONOCÓRDIA NUM CAIS DE LISBOA

A rocha de cristal, Camões. Nós outros,
Irisações de sol, pobre poeira.
Língua que foste de uns e foste de outros,
Língua de continentes, marinheira,
Língua de Brancos, Negros e ainda outros,
Que bom haver quem como nós te queira!

Pintores, músicos e artistas outros
Entendidos serão na terra inteira,
Léguas e léguas de países outros.
Poetas, não. A Língua é prisioneira.
A voz com que cantamos, uns e outros,
Será sempre aos de além voz estrangeira.

Filhos do burgo ocidental, nós outros,
Fiéis a tanto afã, tanta canseira,
Ao bem da fama como a tantos outros
Sabemos renunciar de alma fagueira:
Em paga deste amor, maior que os outros,
Baste o poder cantar de tal maneira.

MANHÃ DE FRANÇA

É domingo de sol neste burgo de França.
Século XIII. O carrilhão chamando à missa.
Um resto de muralha entre jardins descansa,
Mas nada lembra mais a ponte levadiça.

Brincam meninos pelo parque. Suas vozes
São como aclamações a todos os instantes,
Na estrada principal passam carros velozes,
Brinquedos de correr quando já vão distantes.

Brinquedo é tudo nesta luz. O lugarejo
É um brinquedo de armar como eu antes queria.
Parece que já vi a paisagem que vejo
Colada num caderno, em decalcomania.

Brinquedo é tudo nesta luz: vestidos brancos
De pajens com bebês nos carrinhos de luxo;
E o lago artificial rodeado de bancos
Onde há velhos que estão contemplando o repuxo.

Os soldadinhos são de chumbo: de brinquedo
Também é a guarnição militar do distrito.
Longe, ao pé da colina, ocultos no arvoredo,
Brincam muros de cal e cruzes de granito.

Meu padrinho era rico e morava na França.
Deu-me, quando eu pequeno, os brinquedos
mais belos:
Como que antecipando a fabulosa herança,
Mandava-me postais com torres e castelos.

Minha imaginação de menino precoce
Ia em cada vapor que saísse da barra;
Nessas expedições eu já tomava posse
Das nobres catedrais de França e de Navarra.

A história desses bens que nos postais eu tinha
Vim a saber mais tarde em Alexandre Dumas.
Em guerras, por amor de uma certa rainha,
Das províncias que herdei andei perdendo
algumas.

AQUELE QUE NÃO QUIS NASCER

Aquele que não quis nascer
E teria tua meiguice,
Era como se eu o sentisse
Nos meus braços a adormecer.

Sob o nevoeiro delicado
À noite, as casas às escuras
Também escondiam ternuras
E segredos do povoado.

Nos pastos, que junto aos caminhos
Se orvalhavam de ar friorento
Vacas largadas ao relento
Mugiam pelos bezerrinhos.

Ingênua comarca de Minas
Há muitos anos decadente;
Os sobradões de antigamente
Já não eram senão ruínas.

Nos altos a igreja maciça;
O forum da rua de baixo
E quintais bebendo ao riacho
Com seus canteiros de hortaliça.

Nesses princípios de carreira
Mesmo a pobreza era poesia.
A riqueza que não viria
Foi um berço junto à lareira.

Aquele que não quis nascer
Vivo no entanto me parece,
Ainda em meus braços adormece
E tenho medo de o perder.

ROSAS DE TODO O ANO

Um dia, quando eu já não for,
Não terá rosas a roseira
Junto à morada derradeira
Em que eu só serei morador.

Alguns amigos saberão
Onde é que me fiz de escondido,
Virão chamar-se pondo o ouvido
Rente à roseira desse chão.

Que venhas tu, mas bem depois.
Onde quer que eu esteja morto
Não há de faltar-te conforto,
Bastante espaço para dois.

E a roseira florindo então
Perderá o jeito enfermiço;
Terá rosas em pleno viço
E sempre algumas em botão.

PORTO DA SOLIDÃO

IRMÃ VICENTINA

Entre casas bombardeadas
Nesta rua de muros feios
Passa a freirinha de olhos cheios
De lágrimas não choradas.

A sua touca de enfermeira,
Linho de imaculada alvura,
Abre-se em asas engomadas,
Como um pássaro que procura
A direção de uma fronteira.

Seu rosto fino, de ingênuos traços,
Não tem uma ruga.
Já vi alguém assim numa velha gravura:
Só lhe falta o Menino nos braços,
O burrinho, e a fuga.

SONETOS DA RUA HILENDARSKA

TRAVESSIA

É a sensação de um barco que naufraga
Este passar do incerto para o certo,
O descobrir do sol quando desperto
E logo a vida que vivi é vaga.

Por onde andei? Que misteriosa plaga?
Muito longe talvez, ou muito perto:
Um litoral em névoas encoberto
E um perfil de paisagem que se apaga.

Que fio do real prende esse mundo
Ao mundo que acordado tenho à vista,
Pois que em ambos respiro e me confundo?

Na viagem que à noite recomeço
Já qualquer coisa agora me contrista,
Mas não sei se a partida, ou se o regresso.

VITA NUOVA

É tempo de pensar no último instante,
De preparar-me todo para aquela
Estrada que ao olhar não se revela
Senão depois que parte o viandante.

Apesar do sinal que me garante
Que outra nenhuma pode ser mais bela
Grande é o temor de imaginar-me nela
Por não saber quem vou cruzar adiante.

Mas até mesmo ansioso eu partiria
Se aqueles que perdi, queridos entes,
Aguardassem a minha companhia.

Não será prêmio a estrada prometida
Se lá me vir estranho a estranhas gentes,
Em maior solidão que a já vivida.

CHUVA E SOL

Dando graças vivi a vida inteira,
Inexplicável dom me foi o mundo,
Por mais que noutro acreditar eu queria
É neste que de chuva e sol me inundo.

Na minha terra como na estrangeira
Fui simpatia, fui amor fecundo,
A raiz que ficou, mesmo rasteira,
Longe de mim ainda procura o fundo.

Ora chuva, ora sol – agora vivo,
Bato em cheio na terra com meus passos,
Movo meu ser carnal e sensitivo.

Numa outra vida, por melhor que seja,
Não terei este sol a que abro os braços,
Nem terei esta chuva que me beija.

UM VERSO TRISTE

Um verso triste faz minha alegria,
Tenho a felicidade na mão cheia,
Nada mais vejo do que me rodeia,
Desperta em mim tudo que então dormia.

Um verso triste muda a cor do dia
E é logo noite que o luar clareia,
O sangue amortecendo em cada veia,
Não sei por onde vou e quem me guia.

Um verso triste leva-me distante,
A um país em que é tudo harmonioso,
A nenhum que conheço semelhante.

Um verso triste faz minha alegria,
Mas tantas coisas doem nesse gozo
Que é só tristeza que no verso havia.

FIM DE FESTA

Por que, se é noite, a sombra tarda tanto?
Pelo horizonte, ainda é um alegre efeito
Do sol oculto aquele róseo manto
Refletido no rio e já desfeito.

Triste, se para o céu o olhar levanto,
Sinto que um rio corre no meu peito,
Rio daquela dor, daquele pranto
A que na minha infância fui afeito.

Mas venha a noite, caia de repente!
Nas cores da lembrança não distingo
Senão o mesmo róseo do poente.

A própria dor que me tocou em parte
Foi como festa em dia de domingo
Que só deixa saudades a quem parte.

ADEUSES
(Póstumo)

Tanta era a névoa simbolista
Naquele jardim dos vinte anos,
Que os mármores parnasianos
De ninguém estavam à vista.

Sempre véus de tons esbatidos,
Quando não névoa, chuva densa.
Só eu sabia da presença
Desses mármores escondidos.

Hoje, tantos anos passados,
Ao fim de uma tarde cinzenta
Voltar ali ainda me tenta,
Entre os salgueiros desfolhados.

Um vago pôr-de-sol recorta
O perfil dos mármores claros,
Que seriam talvez de Paros
Sob o céu de Bruges-a-Morta.

BRINQUEDO NA PISCINA

Não voltou. A piscina
Lisa é como um retalho
Azul na luz matutina.

A mãe aos gritos se descabela.
Ralhava sempre, mas tanto ralho
De que serviu? Lamenta-se ela.

Imóvel no fundo da piscina,
Não se sabe se finge de peixe
Ou brinca de pesca submarina.
Parece pedir que a mãe o deixe.

Belgrado, outubro de 1962.

RITORNELO DE FIM DE OUTONO

Agora que entre outono e inverno
a tarde é cada vez mais fria
e nas folhas um tom mais terno
é o tom do fim que principia,

agora que, no escurecendo,
é noite já em pleno dia,
e o primeiro fogo que acendo
sinto que falta me fazia,

agora que nem flor nem fruto
não mais lá fora se anuncia,
e voz alguma não escuto,
senão a voz da ventania,

vai cair a neve... entretanto,
junto ao fogo que arde e alumia,
no coração há o mesmo canto
e na lembrança é sempre dia.

COLINA ENCANTADA

O horizonte fugiu à coluna caída
Que no azul a colina erguia como um braço.
Pedra que se abateu, pedra agora sem vida,
O mato já lastrou sobre cada pedaço.

Entretanto, apesar de tudo que a sepulta
Sabe-se bem onde é que a coluna existia.
Coisas passam-se ali de transcendência oculta
Umas durante a noite, outras durante o dia.

Como se em cada pedra uma fonte se abrisse
E em cada fonte houvesse uma boca sonora,
Escuta-se uma voz de consolo e meiguice
Que algumas vezes canta e algumas vezes chora.

Depois do escurecer, quem ali se aventura
Surpreende um fulgor coroando a colina.
Pirilampos talvez noivam naquela altura
E cada pedra morta é chão que se ilumina.

SÓTÃO

Maleta de destino andejo,
Nos felizes anos de outrora,
Hoje não vê o sol de fora,
Largada a um quarto de despejo.

No couro de apagados brilhos
Lanhos e arranhões de entremeio
São sinais de mau manuseio
Que lembram cais e tombadilhos.

Ao cabo de uma travessia,
A água toda em luzes acesa,
O porto noturno – e a surpresa
De uma cidade que dormia.

Ou, na doçura matutina
Dos desembarques friorentos,
Ruas, praças e monumentos
Como que a nascer da neblina.

Maleta saudosa, coberta
De etiquetas desordenadas,
Nomes de hotéis e de pousadas
Onde não será mais aberta.

Mas o triste fim se acompanha
Dos consolos de um bem secreto:
Carícias lhe descem do teto
Nos fios das teias de aranha.

ENCONTROS

Dói-me às vezes pensar que na multidão
Muitos daqueles passantes que ali vão
Arcados ao peso de uma dor secreta
Não sabem que para eles é que sou poeta
Não sabem que sei, tudo lhes adivinho
E em seus ouvidos falo baixinho.

Este seria meu amigo, aquele meu irmão,
A qualquer deles apertando-lhes a mão,
A surpresa de bom companheiro eu lhes faria,
Sábio até no riso que distrai da melancolia.

Uns caminham devagar, outros a passo lento,
Cada qual escondendo o mesmo sentimento.
Nada os espera, nem eles mesmos esperam nada,
Nem mesa posta, nem janela iluminada
Ao fim da rua, ou de outra rua, longe ou perto,
Ruas e ruas, ruas e ruas, sempre o deserto.

Portadores da minha própria solidão,
Assim passam, assim me deixam, assim se vão.

METRÓPOLE

À tardinha, das árvores da praça,
Chega um pio de pássaro perdido,
Sente-se qualquer coisa que esvoaça
E que se queixa quase sem ruído.

A multidão que suarenta passa
Ouve essa fresca voz, apura o ouvido
Ergue a cabeça e por melhor que faça
Não chega a ver o pássaro escondido.

Mas já não vem a voz que dali vinha
E que dava um instante de frescura
Aos homens suarentos da tardinha.

Em breve, em vez das árvores da praça,
Haverá outros bens a grande altura,
Cimento armado, chaminés, fumaça.

ESCALA EM ATENAS

Este foi o país nupcial,
Quando cada bosque escondia
Idílios da mitologia,
Sem memória alguma do mal.

A pedra ilustre que ali está
E nem aos bávaros se esquiva,
É moça na colina viva,
Mais pura quanto mais se dá.

ESCALA EM ROMA

Como que estive entre os cristãos
Dilacerados pelas feras;
Depois, ao longo de outras eras,
Subjuguei infiéis e pagãos.

Pobre ruína, o Coliseu
Ainda é o Império nestes muros:
Podem vir os tempos futuros,
O que está de pé não morreu.

1962.

ESCALA NA GUINÉ

Participam das boas-vindas
Nos braços de ébano lavrado
Pulseiras de miçangas lindas
Como ligas contra mau-olhado.

À sombra de uma bananeira,
Doirado, o cacho de bananas
Também é oferta hospitaleira
Erguido nas mãos africanas.

O riso abre um fio de dentes
Que sabem das leis da ternura
Quando mordem são inocentes
– Nem sangue, nem machucadura.

O MORCEGO

Depois da ladainha
Sai o povo. Em penumbra
Dorme a igreja sozinha.

Ao fundo, em seu cruzeiro,
Cristo. O sangue lhe escorre
Pelo corpo inteiro.

À meia-noite em ponto,
Asas moles e incertas
Entram num vôo tonto.

Rubro, no peito branco
Brilha o sangue que jorra
Da lançada no flanco.

Em cada tentativa,
Perdido o esforço: é duro
Sugar a carne viva.

Como em boca de praga,
Rangem com raiva os dentes
Contra o sangue da chaga.

Mensageiro do inferno
Dirá que não é sangue
Aquele sangue eterno.

BIOGRAFIA DE RIBEIRO COUTO

Rui Ribeiro Couto nasceu em Santos, São Paulo, em 12 de março de 1898, filho de José de Almeida Couto e de Nísia da Conceição Esteves Ribeiro, portuguesa da ilha da Madeira. Foi poeta, contista, romancista, jornalista, magistrado e diplomata. Faleceu em Paris, França, aos 68 anos.

Aos quatorze anos de idade, começou a trabalhar como guarda-livros em uma firma exportadora de café, cujos donos o matricularam na Escola de Comércio José Bonifácio, em Santos. Data desse mesmo período a sua estréia na imprensa local. A imagem dos primeiros anos ficou registrada em um dos seus poemas, "Lamentação do caiçara" (p. 113):

Minha infância é um porto, navios e bandeiras.
Diante de um cais comercial foi que nasci.
A gesticulação dos mastros que partiam
Dava-me o desejo das travessias aventureiras...

Em 1915, mudou-se para São Paulo. Matriculou-se na Faculdade de Direito, foi revisor do *Jornal do Comércio* e colaborador do *Correio Paulistano*. Em 1918, obtém o primeiro lugar em concurso de contos promovido pela revista *A Cigarra*. Transfere-se para o Rio de Janeiro.

Terminou os estudos jurídicos na Faculdade de Direito do Distrito Federal. Trabalha como repórter na *Gazeta de Notícias* e começa a freqüentar os meios intelectuais. Conhece Alberto de Oliveira, Olavo Bilac, Coelho Neto. Aproxima-se de Álvaro Moreira, Ronald de Carvalho e Raul de Leoni. Data de 1920 seu convívio com Manuel Bandeira, que passa a ser seu vizinho no Curvelo, em Santa Teresa, e de quem se tornou amigo íntimo até o fim da vida.

O seu primeiro livro de poemas, *O jardim das confidências*, escrito entre 1915 e 1919, é publicado em 1921. No ano seguinte, participa da Semana de Arte Moderna e publica dois volumes de contos: *A casa do gato cinzento* e *O crime do estudante Batista*.

Por motivo de saúde, mudou-se, ainda em 1922, para Campos de Jordão, onde residiu até 1924.

Exerceu, nos quatro anos seguintes, os cargos de delegado de polícia e promotor público em várias cidades serranas de Minas e São Paulo: Pouso Alto (MG), São Bento de Sapucaí (SP), Cunha (SP) e São José do Barreiro (SP).

Nesse mesmo período, publicou *Poemetos de ternura e de melancolia* (1924), *A cidade do vício e da graça* (1924) e *Baianinha e outras mulheres* (1927), livro de contos premiado pela Academia Brasileira de Letras. Em 1928, casou-se com Ana Pereira, que conhecera em São Bento de Sapucaí e a quem chamava de "Menina".

Designado para o posto de auxiliar de consulado em Marselha, aí residiu até 1931, onde também exerceu o cargo de vice-cônsul honorário. Em 1931, foi transferido para Paris, onde serviu como adido junto ao consulado geral. Por designação do Ministro Afrânio de Melo Franco, pai de seu amigo Afonso Arinos, foi nomeado Cônsul de 3ª Classe, ingressando formalmente na carreira diplomática. Data dessa época o romance *Cabocla* (1931).

Por razões de serviço, regressou ao Rio de Janeiro em 1932. Entre 1932 e 1935, trabalhou no Itamarati, no *Jornal do Brasil* e publicou intensamente: *Espírito de São Paulo*, crônicas (1932); *Clube das esposas enganadas*, contos (1933); *Noroeste e outros poemas do Brasil*, poesia (1933); *Província*, poesia (1934); *Presença de Santa Terezinha*, ensaio (1934).

Foi eleito para a Academia Brasileira de Letras em 24 de março de 1934, na sucessão de Constâncio Alves (cadeira nº 26) e tomou posse em 17 de novembro de 1934, sendo recebido por Laudelino Freire. Reeditou o conjunto de sua obra poética sob o título de *Poesia* (1934).

Nesse mesmo ano é promovido a 2º Secretário na carreira diplomática, sendo lotado em Haia, Holanda. Durante o período holandês, publicou o livro de crônicas *Conversa inocente* (1935), o livro de viagem *Chão de França* (1934) e o livro de poemas *Cancioneiro de Dom Afonso* (1939). Em 1940, regressou ao Rio de Janeiro em conseqüência da ocupação alemã da Holanda. Logo ao chegar, publicou *Prima Belinha*, romance (1940) e *Largo da Matriz*, contos (1940). No ano seguinte foi promovido a 1º Secretário de Embaixada.

Em 1943, foi indicado para a Embaixada em Lisboa, onde viveu até 1946. Publicou um livro de poemas, *Cancioneiro do ausente* (1943), uma coleção de contos, *Uma noite de chuva e outros contos* (1944), e uma antologia poética, *O dia é longo* (1944). Participou da assinatura do Acordo Ortográfico Luso-Brasileiro.

Separou-se de D. Ana Pereira, mas continuaram muito amigos, tendo mantido correspondência semanal pelo resto da vida. Terminado o período lisboeta, seguiu para Genebra, onde foi Cônsul-geral por um ano, sendo promovido a Ministro Plenipotenciário de 2ª Classe. Foi designado Ministro Plenipotenciário na Iugoslávia em 1947. Elevado à categoria de embaixador em 1952, residiu em Belgrado até 1963, quando se aposentou aos 65 anos. Nesses onze anos, publicou nove livros: *Entre o mar e o rio*, poesias (1952); *Barro do Município*, crônicas (1956); *Dois retratos de Manuel Bandeira*, ensaio (1960); *Sentimento lusitano*, ensaio (1960); *Histórias de cidade grande*, contos (1960); *Poemas reunidos*, poesias completas (1960); *Longe*, poesia (1961).

Publicou também dois livros de poemas em francês: *Rive étrangère* (1951) e *Le jour est long* (1958). Este último recebeu, em Paris, o prêmio internacional de poesia *Les Amitiés Françaises*, outorgado anualmente a poetas estrangeiros. Muitos trabalhos de Ribeiro Couto foram traduzidos para o francês, espanhol, italiano, húngaro, sueco, servo-croata.

O poeta morreu em Paris, vítima de um ataque cardíaco, em 26 de março de 1966. Em 1999, por iniciativa de Afonso Arinos, filho, foi publicado, pela Academia Brasileira de Letras, *Adeuses*, livro de poesias até então inéditas. Seu arquivo particular encontra-se depositado na Fundação Casa de Rui Barbosa.

ÍNDICE

Fui poeta menor, perdoai! 7

O JARDIM DAS CONFIDÊNCIAS (1915-1919)

A alegria da terra sob o aguaceiro 21
Elegia de uma tarde branca 23
Carícia 25

POEMETOS DE TERNURA E DE MELANCOLIA (1919-1922)

Surdina 29
Domingo 30
Delicadeza do crepúsculo 31
Gorda 32
Serões 33
Modorra do subúrbio 34
O mar e o cais 35
A mulher passageira 36
A canção de Manuel Bandeira 37
Cartas do amigo de outrora 38
A manhã na rua burguesa 39
O retrato do adolescente esquecido 40

UM HOMEM NA MULTIDÃO (1921-1924)

UM HOMEM NA MULTIDÃO

A invenção da poesia brasileira 45
O vagabundo 47
O milagre 48
A inutilidade das palavras 49
Infância 50
Poesia 52

O CHALÉ NA MONTANHA

Pomar abandonado 53
Abril 54
Céu de inverno 55
Os brejos 56
O noturno da Vila Abernéssia 57

CANÇÕES DE AMOR (1922-1925)

Canção das duas folhas 61
Canção do sangue e das rosas 62
Canção do beijo suave 63
Canção da espera feliz 64
Canção do consolo 65
Canção da sinceridade 66
Canção do pranto sem motivo 67
Canção de um dia de chuva 68

PROVÍNCIA (1926-1928)

História local 71

A casa do promotor 72
Domingo 73
Sombra 74
Largo da Matriz 75
Barulho de chuva na folhagem 76
Violão 77

PRODUTOS NACIONAIS

O banho 78
Anoitecer 80
Cemitério 81

*NOROESTE E OUTROS POEMAS
DO BRASIL* (1926-1932)

Recife 85
Rio de Janeiro 86
São Paulo 87
São Vicente 89

CANCIONEIRO DE DOM AFONSO
(1932-1939)

Elegia civil 93
Segunda elegia 94
Zuiderzee 95
Festa na Bahia 96
Sanfona do menor imperial 98
Encontro de guaranis e tapuias 99
Encantação de São Benedito medroso 102

191

CANCIONEIRO DO AUSENTE
(1932-1943)

Noturno da praia deserta 107
Bonecos 108
Falaste da morte 109
Arco-íris 110
Café do porto 111
Lamentação do caiçara 113
Ária dominical 114
Invocação de Pouso Alto 115
Saudades de Sebastião Pescador 116
Ponteio nostálgico 117
Dona moça triste 118
Lamentação da mãe sozinha 119
Carícia 120
Lenda 121
Invocação do porto natal 122

CANTIGAS BRASILEIRAS NO HEMISFÉRIO NORTE

Nova Iorque 123
Depois da chuva 124

ENTRE MAR E RIO (1943-1946)

NETO DE EMIGRANTE

Cantiga do avô português 127
Cais do Paquetá 128
Retratos 129

NAU CAPITÂNIA

Sobrados 130

CHÃO ANTIGO

São Domingos de Rana 132
Alentejo 133
Fátima 135

LITORAL BRAVIO

Litania das rachonas nortenhas 136
Praia de Santa Cruz 138

GUITARRA E VIOLÃO

Fadinho orgulhoso 139
Fado de Maria Serrana 140
Madrigal indeciso 142

SONETOS DA RUA CASTILHO

Soneto da fiel infância 143
Soneto supérfluo 144
Adeus à Rua Castilho 145

LONGE
(Poemas reunidos em 1961)

SEPARAÇÕES

Regresso de Dona Esperança 149
Romance da praia enluarada 151
Água de rega 153

ESCALAS

Trinidad 154
Camonocórdia num cais de Lisboa 156
Manhã de França 157
Aquele que não quis nascer 159
Rosas de todo o ano 161

PORTO DA SOLIDÃO

Irmã Vicentina 162

SONETOS DA RUA HILENDARSKA

Travessia 163
Vita nuova 164
Chuva e sol 165
Um verso triste 166
Fim de festa 167

ADEUSES (Póstumo)

"Tanta era a névoa simbolista" 171
Brinquedo na piscina 172
Ritornelo de fim de outono 173
Colina encantada 174
Sótão 175
Encontros 177
Metrópole 178
Escala em Atenas 179
Escala em Roma 180
Escala na Guiné 181
O morcego 182
Biografia de Ribeiro Couto 185

COLEÇÃO MELHORES CONTOS

ANÍBAL MACHADO
Seleção e prefácio de Antonio Dimas

LYGIA FAGUNDES TELLES
Seleção e prefácio de Eduardo Portella

BRENO ACCIOLY
Seleção e prefácio de Ricardo Ramos

MARQUES REBELO
Seleção e prefácio de Ary Quintella

MOACYR SCLIAR
Seleção e prefácio de Regina Zilbermann

MACHADO DE ASSIS
Seleção e prefácio de Domício Proença Filho

HERBERTO SALES
Seleção e prefácio de Judith Grossmann

RUBEM BRAGA
Seleção e prefácio de Davi Arrigucci Jr.

LIMA BARRETO
Seleção e prefácio de Francisco de Assis Barbosa

JOÃO ANTÔNIO
Seleção e prefácio de Antônio Hohlfeldt

EÇA DE QUEIRÓS
Seleção e prefácio de Herberto Sales

MÁRIO DE ANDRADE
Seleção e prefácio de Telê Ancona Lopez

LUIZ VILELA
Seleção e prefácio de Wilson Martins

J. J. VEIGA
Seleção e prefácio de J. Aderaldo Castello

JOÃO DO RIO
Seleção e prefácio de Helena Parente Cunha

IGNÁCIO DE LOYOLA BRANDÃO
Seleção e prefácio de Deonísio da Silva

HERMILO BORBA FILHO
Seleção e prefácio de Silvio Roberto de Oliveira

LÊDO IVO
Seleção e prefácio de Afrânio Coutinho

BERNARDO ÉLIS
Seleção e prefácio de Gilberto Mendonça Teles

CLARICE LISPECTOR
Seleção e prefácio de Walnice Nogueira Galvão

AUTRAN DOURADO
Seleção e prefácio de João Luiz Lafetá

SIMÕES LOPES NETO
Seleção e prefácio de Dionísio Toledo

RICARDO RAMOS
Seleção e prefácio de Bella Jozef

JOEL SILVEIRA
Seleção e prefácio de Lêdo Ivo

MARCOS REY
Seleção e prefácio de Fábio Lucas

JOÃO ALPHONSUS
Seleção e prefácio de Afonso Henriques Neto

ARTUR AZEVEDO
Seleção e prefácio de Antonio Martins de Araújo

RIBEIRO COUTO
Seleção e prefácio de Alberto Venancio Filho

OSMAN LINS*
Seleção e prefácio de Sandra Nitrini

JOSÉ CASTELLO*
Seleção e prefácio de Leyla Perrone-Moisés

PRELO*

COLEÇÃO MELHORES POEMAS

CASTRO ALVES
Seleção e prefácio de Lêdo Ivo

LÊDO IVO
Seleção e prefácio de Sergio Alves Peixoto

FERREIRA GULLAR
Seleção e prefácio de Alfredo Bosi

MARIO QUINTANA
Seleção e prefácio de Fausto Cunha

CARLOS PENA FILHO
Seleção e prefácio de Edilberto Coutinho

TOMÁS ANTÔNIO GONZAGA
Seleção e prefácio de Alexandre Eulalio

MANUEL BANDEIRA
Seleção e prefácio de Francisco de Assis Barbosa

CECÍLIA MEIRELES
Seleção e prefácio de Maria Fernanda

CARLOS NEJAR
Seleção e prefácio de Léo Gilson Ribeiro

LUÍS DE CAMÕES
Seleção e prefácio de Leodegário A. de Azevedo Filho

GREGÓRIO DE MATOS
Seleção e prefácio de Darcy Damasceno

ÁLVARES DE AZEVEDO
Seleção e prefácio de Antonio Candido

MÁRIO FAUSTINO
Seleção e prefácio de Benedito Nunes

ALPHONSUS DE GUIMARAENS
Seleção e prefácio de Alphonsus de Guimaraens Filho

Olavo Bilac
Seleção e prefácio de Marisa Lajolo

João Cabral de Melo Neto
Seleção e prefácio de Antonio Carlos Secchin

Fernando Pessoa
Seleção e prefácio de Teresa Rita Lopes

Augusto dos Anjos
Seleção e prefácio de José Paulo Paes

Bocage
Seleção e prefácio de Cleonice Berardinelli

Mário de Andrade
Seleção e prefácio de Gilda de Mello e Souza

Paulo Mendes Campos
Seleção e prefácio de Guilhermino César

Luís Delfino
Seleção e prefácio de Lauro Junkes

Gonçalves Dias
Seleção e prefácio de José Carlos Garbuglio

Affonso Romano de Sant'Anna
Seleção e prefácio de Donaldo Schüler

Haroldo de Campos
Seleção e prefácio de Inês Oseki-Dépré

Gilberto Mendonça Teles
Seleção e prefácio de Luiz Busatto

Guilherme de Almeida
Seleção e prefácio de Carlos Vogt

Jorge de Lima
Seleção e prefácio de Gilberto Mendonça Teles

Casimiro de Abreu
Seleção e prefácio de Rubem Braga

Murilo Mendes
Seleção e prefácio de Luciana Stegagno Picchio

PAULO LEMINSKI
Seleção e prefácio de Fred Góes e Álvaro Marins

RAIMUNDO CORREIA
Seleção e prefácio de Telenia Hill

CRUZ E SOUSA
Seleção e prefácio de Flávio Aguiar

DANTE MILANO
Seleção e prefácio de Ivan Junqueira

JOSÉ PAULO PAES
Seleção e prefácio de Davi Arrigucci Jr.

CLÁUDIO MANUEL DA COSTA
Seleção e prefácio de Francisco Iglésias

MACHADO DE ASSIS
Seleção e prefácio de Alexei Bueno

HENRIQUETA LISBOA
Seleção e prefácio de Fábio Lucas

AUGUSTO MEYER
Seleção e prefácio de Tania Franco Carvalhal

RIBEIRO COUTO
Seleção e prefácio de José Almino

RAUL DE LEONI*
Seleção e prefácio de Pedro Lyra

BUENO DE RIVERA*
Seleção e prefácio de Affonso Romano de Sant'Anna

ALVARENGA PEIXOTO*
Seleção e prefácio de Antonio Arnoni Prado

CESÁRIO VERDE*
Seleção e prefácio de Leyla Perrone-Moisés

ANTERO DE QUENTAL*
Seleção e prefácio de Benjamin Abdala Junior

FLORBELA ESPANCA*
Seleção e prefácio de Zina Bellodi

IVAN JUNQUEIRA*
Seleção e prefácio de Ricardo Thomé

PRELO*

Impresso nas oficinas da
Gráfica Palas Athena